Jonas Cramby

AMERICANA
DAS KOCHBUCH

Eine kulinarische Reise durch die USA
mit über 70 Rezepten

INHALT

Vorwort 7
American Breakfast 12
Dips & Snacks 30
Hotdogs und Sandwiches 48
Italo-Amerikanisches 66
Das amerikanische Steakhouse 84
Texmex 98
Aufläufe 126
Der Süden 142
American Pie 174
Register 186

Gebrauchsanweisung

Allgemeiner Hinweis zu den Rezepten: Gemüse, Obst und Kräuter sollten vorher gewaschen, geputzt oder verlesen werden, Zwiebel und Knoblauch geschält. Bei frischen Chilis Samen und Stiel entfernen. Die Rezeptauswahl in diesem Buch soll als eine Art Greatest-Hits-Sammlung meiner amerikanischen Lieblingsgerichte dienen. Und da man ohne Musik nicht kochen kann, habe ich auch neun passende Soundtracks zusammengestellt. Du musst bei Spotify nur den kompletten Namen der verschiedenen Playlists in die Suchfunktion eingeben, dir ein Bier aufmachen und dich in die wunderbare Americana-Welt versenken.
WARNUNG: Die Musik kann Spuren von Banjo, Fiddle und Fußstampfen enthalten!

VORWORT

VOR ELF JAHREN ERSCHIEN mein erstes Kochbuch *Texmex från grunden* (Texmex für Anfänger). Als es fertig war, begann ich sofort mit der Arbeit an einem neuen Buch, das einen etwas erweiterten Blick auf die amerikanische Esskultur werfen sollte. Ich unternahm mehrere Reisen nach Amerika, aß so viel Apple Pie, dass man mich damit hätte aufwiegen können, und fotografierte unzählige alte, rostige Tankstellenschilder. Dann jedoch kamen andere Projekte dazwischen und das Buch meiner Träume verblasste zu einem Dokument auf meinem Computer. Ab und zu schrieb ich noch ein paar Anmerkungen, ich sammelte auch weiterhin Rezepte und notierte kleinere Beobachtungen, zum Beispiel, wie die Darsteller in Anwaltsserien Würstchen essen (nämlich quer).

Doch eines Morgens vor ungefähr zwei Jahren wachte ich auf und wusste, dass ich nun endlich das Buch fertigschreiben musste. Und ich wollte ihm den Titel *Americana* geben.

Eigentlich bezeichnet man als Americana jene Musik, die sich nicht so richtig traut, Country zu sein, aber doch ein bisschen mit Cowboyhut und Stiefeln flirtet. Manchmal benutzt man den Begriff auch für einige, oft verklärte Elemente der amerikanischen Kulturgeschichte. Der Reiz dieses Lebensgefühls bringt Menschen von Bangkok bis Gustavsberg (das würde auf mich zutreffen) dazu, sich zu kleiden wie auf den Aufmacherfotos eines amerikanischen Geschichtsbuchs: Hosen aus der Zeit des Goldrauschs, Jacken aus der Zeit des Vietnamkriegs und Hemden aus der Zeit der Weltwirtschaftskrise. Americana hat Rocker und Flames-Shorts hervorgebracht und dafür gesorgt, dass es heute in Schweden mehr Cadillacs Baujahr 1959 gibt als in den USA. Und wenn man Onkel Lars hilft, eine Regentonne vor seinem Sommerhaus einzugraben, und sich dabei fühlt, als würde man Joe Pesci irgendwo in New Jersey beim Vergraben einer Leiche unterstützen, dann ist garantiert Americana daran schuld.

Kurz gesagt: Americana meint nicht unbedingt die reale USA, sondern eher unser kollektives Traumbild von diesem Land.

Seit die amerikanische Regierung 1862 im sogenannten Homestead Act zum ersten Mal Neubürgern das Recht einräumte, Grund ohne finanzielle Gegenleistung für sich zu beanspruchen, zog es Menschen aus der ganzen Welt in die USA. Einige von ihnen kehrten als reiche Leute in ihre Heimat zurück und erzählten fantastische Geschichten über das Land, in dem jeder Erfolg haben konnte und die Karotten so groß waren wie Standuhren. Andere schrieben Briefe und schickten Bilder und mit der Zeit weckten alle diese Geschichten bei denen, die zu Hause geblieben waren, eine unbestimmte Sehnsucht. So legte sich eine romantische Verklärung über das Land »da drüben«, in dem man jenseits alter Klassenunterschiede leben konnte, jeder sein Glück machen konnte und man so tolle Hosen trug. Vor allem die Armen aus den ländlichen Regionen emigrierten, was wohl dazu geführt hat, dass die Begeisterung für die amerikanische Lebensweise bei uns in Schweden vor allem in den alten Auswanderergebieten wie Småland, Dalarna und in meiner Heimat Västergötland verbreitet ist.

Nun hat natürlich sowohl die amerikanische Kulturgeschichte als auch ihre Romantisierung im Rest der Welt durchaus problematische Aspekte. Vielleicht sind wir ja wirklich viel zu amerikanisiert, wie einige Kritiker behaupten. Und selbstverständlich ist es nicht gut, wenn wir amerikanische

Politik oder Waffengewohnheiten importieren und wenn kleine lokale Gasthöfe von den Filialen multinationaler Fastfood-Ketten verdrängt werden – und dann nicht einmal von den echt guten Ketten, die es in den USA tatsächlich gibt. Doch andererseits finde ich es auch übertrieben, die ganze Zeit über die USA und ihren Einfluss auf uns zu jammern. Denn da sich alle Kulturen dieser Welt an einem Ort versammelt haben, ist nun einmal etwas Neues, Gemeinsames entstanden. Und ist Gemeinsamkeit nicht etwas Schönes? Außerdem müssen wir doch auch zugeben, dass der amerikanische Kulturimperialismus uns letzten Endes fast alles geschenkt hat, was cool ist: Blues, Rock, Soul, Hip-Hop. Ohne die USA gäbe es keine eisgekühlten Getränke, keine Hamburger, keine Bürgerrechtsbewegung, keine Cocktails, keine Religionsfreiheit und keine Filmszenen, in denen ein bärtiger Mann mit einem Gewehr in der Hand eine Tür eintritt.

Wenn du am liebsten vom Büfett isst, solltest du wissen, dass du diese Erfindung dem amerikanischen Goldrausch verdankst. Denn zu dieser Zeit kamen so viele Menschen nach San Francisco, dass man ein System einführte, bei dem die Gäste mit ihrem Tablett an einer Theke entlanggingen und zum Schluss bezahlten, ähnlich wie man es in der Fernsehserie *Deadwood* sehen kann. Ebenfalls in San Francisco konnte man den Beginn einer anderen, genauso bahnbrechenden, Veränderung miterleben: dass die Menschen nämlich die Küche anderer Länder kennenlernten (und sich damit auch sonst etwas näherkamen). Vor dem Goldrausch verbreiteten sich lokale Essgewohnheiten nur sehr langsam über Ländergrenzen hinweg. Die meisten Menschen aßen das, was im Umkreis von 500 Metern um ihr Haus wuchs. Doch als die chinesische Massenemigration Fahrt aufnahm, brachten diese Menschen ihre Esskultur mit und machten dadurch ihre neue Heimat zu einem etwas schöneren Ort.

Amerika beeinflusste aber nicht nur, was und wie wir essen, sondern auch die Art, wie wir übers Essen reden. Eine amerikanische Hausfrau namens Julia Child brachte das Kochen ins Fernsehen und initiierte damit Kochsendungen, wie wir sie bis heute kennen: Eine lächelnde Person mit Schürze redet in die Kamera, während ihre Arme bis zu den Ellbogen in einem Truthahn stecken. Und hätte es Mary Frances Kennedy Fisher nicht gegeben, dann wären Autoren wie Anthony Bourdain, Bill Buford, Ruth Reichl, A. A. Gill – und womöglich auch ich – gar nicht denkbar. Fisher definierte nämlich neu, was es bedeutet, übers Essen zu schreiben, und

kam von diesem Thema zu größeren Wahrheiten. Oder um es mit ihren Worten zu sagen: »Wenn ich über Hunger schreibe, dann schreibe ich eigentlich über die Liebe und unseren Hunger nach ihr.«

Nicht einmal unsere heutige Gasthauskultur ist ursprünglich europäisch. Verantwortlich für all die Orte, die ihre Speisekarte mit Begriffen wie »lokal«, »regional« oder »vegetarisch« schmücken, ist nämlich die amerikanische Köchin Alice Waters, die 1971 das enorm einflussreiche Restaurant »Chez Panisse« in Berkeley eröffnete. Sie kombinierte Gastronomie und Aktivismus und war letztlich Begründerin sowohl der weltweiten Farm-to-Table-Bewegung als auch der modernen Rohkostbegeisterung.

Ehrlich gesagt, glaube ich, dass viele Menschen, die die Amerikanisierung beklagen, vielmehr an etwas leiden, das sie selbst vielleicht Standesdünkel nennen würden. Denn während die europäische Küche im Wesentlichen einen bürgerlichen Hintergrund hat, ist die amerikanische Kultur fast vollständig der Arbeiterklasse entsprungen, die in manchen Kreisen nun mal als weniger »fein« gilt als Postmodernismus und Streichquartette. Und das betrifft natürlich ebenso die amerikanische Küche, die nicht selten auf den Begriff »Junkfood« reduziert wird. Die Sache ist bloß die: Jede Küche hat ihre Geschichte, und die amerikanische Küche ist – wie übrigens alle Länderküchen – auch geprägt von Missernten, Kriegen und Leid. Sie erinnert an die Schwierigkeiten der Menschen und ihren unbezwingbaren Überlebenswillen, auch wenn man dazu manchmal etwas »à la mode« servieren muss (siehe S. 175).

Dieses Buch ist das Ergebnis von zehn Jahren Arbeit und einer lebenslangen Beschäftigung mit dem amerikanischen Lebensstil. Es ist geprägt von der Liebe zum Soul des Labels STAX, der zuckerreichen Südstaatenkultur, Beer Koozies und Sunday Sauce, der Geschwisterrivalität der Louvin' Brothers, den Chili Queens von San Antonio, Solei in schummrigen Bars, heiserem Hill-Country-Blues und dem besten Auflaufrezept von Dolly Parton. Und ja, es enthält wahrscheinlich viel zu viele Fotos von verrosteten alten Tankstellenschildern – ich bekenne mich schuldig.

Vor allem aber soll es an eine Sache erinnern: Nicht alles, was aus Amerika kommt, ist gut – aber alles Gute kommt aus Amerika.

Essen, Musik, Alkohol und Romantik.

Jonas Cramby

MEINE VORSTELLUNG VON EINEM PERFEKTEN Frühstück sieht so aus: Ich sitze auf einer türkisfarbenen Bank mit Vinylbezug und habe ein zerkratztes Plastikglas mit nach Chlor schmeckendem Wasser und eine Tasse dünnen Kaffee vor mir. Draußen steht der Leihwagen mit knackender Motorhaube und es ist so heiß, dass man in der Ferne auf dem glühenden Asphalt schillernde Wasserpfützen zu sehen meint. Aber im Diner ist es angenehm kühl, die Kellnerin hat mich gerade *honey* genannt und ich reise, frei nach Jack Kerouac formuliert, nirgendwohin außer überallhin, also fahre ich einfach weiter unter den Sternen.

Die Geschichte des Diners nahm irgendwann in den 1870er-Jahren ihren Anfang auf Rhode Island, als sogenannte »Diner Carts« vor Baustellen und Fabriken aufgebaut wurden. Bei diesen mobilen Restaurants handelte es sich um ausrangierte und umgebaute Speisewagen der Eisenbahn. Dort wurde günstiges Essen an Leute verkauft, deren Mittagspause kurz war und die mit ihrer schmutzigen Arbeitskleidung anderswo nicht reingelassen wurden. Wegen der Schichtarbeiter hatten diese Restaurants auch geöffnet, wenn andere geschlossen waren; es gab billigen Kaffee und einfaches, sättigendes Essen wie gebratene Eier, Speck und Pancakes.

In den 1930er-Jahren verloren die Diner Carts ihre Räder und wurden zu dauerhaften Einrichtungen. Nach dem Krieg baute man bequeme Bänke mit Vinylbezug ein, damit Familien nicht nebeneinander an der Bar sitzen mussten. Ende der 50er-Jahre waren die Diners, wie man sie jetzt nannte, schon so beliebt, dass es mehr als 5000 von ihnen in den USA gab.

Heute gehört das Diner als zentrales Element zu unserem Bild von Amerika. Die dickwandigen weißen Kaffeebecher, die verchromten Barhocker und die Kellnerinnen in ihren Uniformen sind ein so wichtiger Bestandteil des amerikanischen Alltags, dass viele der besten Filmszenen in Diners spielen.

Pulp Fiction beginnt und endet in einem Diner, und es gibt fantastische Diner-Szenen in Filmen wie *No Country for Old Men*, *True Romance* oder *Hell or High Water* (mit meiner absoluten Lieblingsszene – such mal »What don't you want« auf YouTube, dann siehst du, was ich meine).

Für einen braven Schweden, der mit Preiselbeermarmelade und Hafergrütze aufgewachsen ist, kann die erste Begegnung mit einem amerikanischen Diner allerdings zu einem erschütternden Erlebnis werden. Die Uhr zeigt sieben am Morgen, aber der Magen glaubt, es sei drei Uhr am Nachmittag. Du sitzt mit Jetlag und Bärenhunger da und lässt den Blick über eine eingeschweißte Speisekarte schweifen, die all das enthält, von dem du gelernt hast, dass man damit *auf gar keinen Fall* den Tag beginnen sollte. Schwindelnd hohe Stapel von dicken, fluffigen Pancakes mit Butter und Ahornsirup werden vorbeigetragen. Auf der Karte finden sich frittiertes Hähnchen, Steak, Eier, Waffeln und Frühstücksmuffins, die so groß sind wie ein Sitzkissen im Partykeller. Du legst die Speisekarte erst einmal hin und beschließt, nur einen Kaffee zu bestellen. Aber dann knurrt dein Magen wieder und du denkst an die Dinerszene in *The Big Lebowski*, wo John Goodmans Vietnam-Veteran erklärt: »Lady, Freunde von mir sind mit dem Gesicht im Schlamm gestorben, damit Sie und ich dieses Familienrestaurant genießen können.« Und dann hebst du die Hand, um die Bedienung auf dich aufmerksam zu machen.

BACON AND EGGS

Es gibt wohl kaum ein einfacheres Frühstück als Eier mit Speck. Nur zwei Zutaten, wenn man Kaffee, Ketchup und das Musikrätsel im Radio nicht mitrechnet. Aber warum sieht dieses Frühstück dann oft so aus, als hätte jemand Küchenabfälle auf den Teller gekippt? In der Regel aus zwei Gründen: Die Rühreier mit Bacon sind zu lange gebraten oder der Speck ist verkohlt und nur noch ein zusammengeschrumpelter Klumpen. Stellt sich die Frage: Was macht den Unterschied zwischen einem ganz ordentlichen Frühstück mit Eiern und Speck und einem fantastischen aus? Antwort: Ein bisschen mehr Sorgfalt. Und das geht so.

SPIEGELEI, SUNNY SIDE UP

Ein Spiegelei zu braten ist so einfach wie, na ja, ein Spiegelei zu braten. Stimmt, aber das heißt nicht, dass man dabei schlampen darf. Ein perfektes Spiegelei sunny side up mit cremigem Eigelb und festem Eiweiß braucht, genauso wie dein Partner oder deine Partnerin und deine Kinder, ein bisschen Aufmerksamkeit. Am besten machst du es so: Die Bratpfanne bei mittlerer Hitze erwärmen und ein ordentliches Stück Butter hineingeben. Die Pfanne etwas schwenken. Wenn die Butter schaumig wird, ein Ei hineinschlagen und etwa 3 Minuten braten, bis das Eiweiß gestockt, das Eigelb aber noch flüssig ist. Ist die Pfanne zu heiß und braucht das Eiweiß etwas Hilfe, mit dem Löffel ein bisschen von der Butter darüberschöpfen. Dann noch salzen, pfeffern und sofort servieren.

SPIEGELEI, OVER EASY

Ich persönlich esse von beiden Seiten gebratene Spiegeleier nur in Mamas Eibroten für den Tagesausflug. Aber wenn du so viel Angst vor flüssigem Eiweiß hast, dass du die Eier wenden musst, dann bitte sehr. Mach dasselbe wie im letzten Abschnitt beschrieben, doch nach etwa 2 Minuten drehst du das Ei vorsichtig um. Over easy bedeutet aber nur leicht angebraten. Das Eigelb darf nicht kaputtgehen. Isst du das Eigelb gern fest, dann kann ich dich nicht daran hindern, würde dir aber statt Spiegelei eher Rührei empfehlen.

RÜHREI

Rührei darf niemals kompakt und klumpig sein. Nein, ein richtig gutes Rührei muss weich und fluffig sein, als wäre eine Wolke aus dem Hintern des Huhns gekommen. Das erreichst du auf diese Weise: eine beliebige Anzahl Eier in eine Schüssel aufschlagen, einen Schuss Milch oder Sahne und etwas Salz dazugeben und das Ganze mit einer Gabel umrühren. Nicht schlagen! Die Bratpfanne nur leicht vorheizen, dann wieder ordentlich Butter hineingeben und das Rührei langsam unter ständigem Rühren mit einem Holzlöffel braten. Es kann 5 bis 10 Minuten dauern, bis es richtig lecker ist. Jedenfalls wird das Rührei serviert, wenn es cremig, aber nicht mehr flüssig ist.

BACON

Was kann man gegen eine Scheibe perfekt gebratenen Bacon schon sagen? Er hat eigentlich alles, was uns glücklich macht: Salz, Rauchgeschmack, Fett und Knusprigkeit. Bacon zu braten ist aber eine Kunst, die man lernen muss, und mancher lernt's nie. In den USA weiß man dagegen in jeder Kaschemme, wie ein perfekt gebratener Bacon aussehen muss. Zunächst einmal musst du dich entscheiden, ob er flach oder gewellt sein soll.

FLACHER BACON

Das Geheimnis einer flachen Scheibe Bacon: Geh mit Ruhe vor und verwende ein Gewicht. Bacon in eine kalte Pfanne legen und diese bei mittlerer Temperatur erhitzen. Fett des Bacons langsam schmelzen lassen und die Scheiben darin goldgelb und auf keinen Fall dunkelbraun frittieren. Nicht zu viele Scheiben gleichzeitig braten und auf jeden Fall nur in einer Schicht in die Pfanne legen. Bacon in der Pfanne herumschieben, wenn du merkst, dass diese sich ungleichmäßig aufheizt. Scheiben nach Bedarf wenden. Um ganz flache Scheiben hinzukriegen, brauchst du eine Baconpresse, die du während des Bratens auflegst. Es geht aber auch mit einem Kochtopf oder etwas Ähnlichem. Bacon vor dem Servieren auf Küchenpapier oder einem Gitter abtropfen lassen.

GEWELLTER BACON

Wenn du viele Baconscheiben gleichzeitig servieren musst und ohnehin lieber gewellten Bacon magst, ist der Backofen ideal. Ofen auf 200 °C vorheizen, nur Ober-/Unterhitze, keine Umluft. Baconscheiben auf ein Grillgitter legen und ein bisschen in die Zwischenräume drücken, damit ein schönes Wellenmuster entsteht. Im Ofen in etwa 10 Minuten knusprig braten. Achtung, dass sie nicht anbrennen. Ein Backblech unter das Gitter schieben, damit das Fett nicht in den Backofen tropft und anfängt zu qualmen. Vor dem Servieren Bacon auf Küchenpapier abtropfen lassen.

HASH BROWNS

Extra knusprige Hash Browns kriegst du so hin: Kartoffeln grob reiben und mithilfe eines Küchenpapiers oder Geschirrtuchs so viel Flüssigkeit wie möglich auspressen. Die Kartoffeln nicht abspülen, sonst ist die Stärke weg und die Hash Browns zerfallen. Die ausgedrückte Kartoffelmasse auf Küchenpapier ausbreiten, ein zweites Blatt Küchenpapier darüberlegen und das Ganze in der Mikrowelle auf höchster Stufe 2 Minuten vorgaren. Wenn du keine Mikrowelle hast, kannst du diesen Schritt auslassen, aber er sorgt für ein noch knusprigeres Ergebnis. Die Kartoffelmasse dann bei mittlerer Temperatur in einer Pfanne mit etwas Speiseöl etwa 2 Minuten pro Seite knusprig braten. Salzen und servieren.

CINNAMON TOAST

French Toast ist natürlich lecker, aber ich mag diese süßere und günstigere Variante noch lieber. Der buttrige Zimttoast ist schnell fertig und schmeckt genau wie die besten Frühstücksflocken der Welt: Cinnamon Toast Crunch. Probier es aus!

Für 4 Portionen

4 Scheiben Toastbrot
100 g Butter, Raumtemperatur
3 EL brauner Zucker
1 EL weißer Zucker
1 EL Zimt
1 TL Vanilleextrakt

★ Den Backofen auf 175 °C vorheizen (Ober-/Unterhitze, keine Umluft).
★ Alle Zutaten bis auf das Brot in einer Schüssel zu einer wunderbaren Zimtbutter verrühren. Ist die Butter zu fest, vorher 15 Sekunden in der Mikrowelle erwärmen.
★ Toastbrote mit der Butter bestreichen und im Backofen etwa 10 Minuten backen, bis sie knusprig und karamellisiert sind. Brote diagonal durchschneiden und mit Bacon, Eiern und Kaffee servieren.

GOLDEN RING PANCAKES

Amerikanische Pancakes sind Zuwendung auf höchstem Niveau mit aufgeschlagener Butter und Ahornsirup obendrauf – eigentlich sind sie weniger ein Essen als vielmehr eine Liebeserklärung an die Menschen, die man am meisten liebt. Es gibt allerdings ein kleines Problem mit den meisten Rezepten: Die Pancakes werden zu schnell weich. Und so entstehen dünne und zähe Pfannkuchen, die wie TK-Pfannkuchen vom Frühstücksbüfett eines billigen Kettenhotels aussehen. Aber nein, richtig gute amerikanische Pancakes müssen dick und fluffig sein, mit einem unfassbar weichen Inneren und einem knusprigen goldbraunen Rand, dem sogenannten Golden Ring. So gelingen sie, wenn man den Teig nicht zu viel rührt und diesem Rezept folgt – dem einzigen, das du verwenden solltest.

Für etwa 20 kleine oder 10 große Pancakes

420 g Weizenmehl Type 405
1 EL Backpulver
1½ TL Backnatron
45 g Zucker
1½ TL Salz
500 ml Milch
50 ml Speiseöl
1 EL Vanilleextrakt
50 ml Apfelessig
3 Eier
Öl und Butter zum Braten
Ahornsirup

Aufgeschlagene Salzbutter
100 g Butter, Raumtemperatur
2 EL Milch
½ TL Salz

★ Zunächst die aufgeschlagene Salzbutter zubereiten. Alle Zutaten in einer Schüssel verrühren, bis eine schaumige Masse entsteht. Achtung: Versprich mir, dass du diese aufgeschlagene Butter zu deinen Pancakes servierst, sie macht den Riesenunterschied aus.

★ Die trockenen Zutaten für die Pancakes in einer großen Schüssel mischen. Die feuchten Zutaten in einer zweiten Schüssel verrühren und dann zu den trockenen geben. Achtung, jetzt kommt der Trick, damit die Pancakes wirklich fluffig werden: NICHT zu stark verrühren, sondern nur vorsichtig unterheben! Wenn sich die Zutaten gerade so zu einem Teig verbunden haben, lässt du ihn in Ruhe. Von jetzt an ist es verboten, darin herumzurühren.

★ Etwas Öl und Butter in einer Pfanne bei mittlerer Temperatur erhitzen. Je mehr Fett du verwendest, desto schöner gehen die Pancakes auf und desto knuspriger wird der Rand. In einer Teflonpfanne mit wenig Fett werden sie weicher und nehmen eine gleichmäßigere Farbe an. Mir persönlich sind sie so ein wenig zu blass, aber das kannst du halten, wie du willst. Benutze eine Schöpfkelle oder Ähnliches, um den Teig abzumessen, damit alle Pancakes gleich groß werden. Ich nehme einen Eisportionierer für kleine, aber dicke Pancakes.

★ Teig in die Pfanne geben. Wenn die Pancakes nicht perfekt rund werden, den Teig in der Pfanne etwas zurechtschieben. Pancakes vorsichtig wenden, ohne sie zusammenzudrücken, wenn sich Blasen auf der Oberfläche des Teigs bilden. Die Pancakes sind fertig, wenn sie bei leichtem Druck zurückfedern.

★ Die Pancakes mit Ahornsirup und aufgeschlagener Salzbutter servieren. Nach Belieben noch Zutaten von den nächsten Rezepten ergänzen.

BANANEN-PANCAKES

Einfach nur lecker: Bananen-Pancakes mit zerdrückten statt in Scheiben geschnittenen Bananen! Die Bananen verbinden sich mit dem Teig, sodass die Pancakes eine herrlich klebrige Konsistenz bekommen, fast wie Banana Bread. Die Idee hierfür stammt aus dem »Bearcat Café« in New Orleans. Dort heißen diese genialen Pancakes in Anlehnung an ein extrem beliebtes lokales Dessert »Bananas Foster Pancakes«.

Für ca. 6 Portionen

2 überreife Bananen, geschält, zerdrückt
10 große oder 20 kleine Golden Ring Pancakes, siehe S. 19
aufgeschlagene Salzbutter, siehe S. 19
Ahornsirup

★ Das Bananenmus mit den feuchten Pancakezutaten vermischen. Pancakes wie im letzten Rezept angegeben zubereiten und backen. Mit Ahornsirup und aufgeschlagener Salzbutter servieren.

Mehlinfo am Rande

In den USA und vielen anderen Ländern wird häufig Mehl verwendet, das bereits mit Backpulver vermischt ist, das sogenannte self rising flour. In Deutschland ist es allerdings nicht gebräuchlich.

BLUEBERRY PANCAKES

Die nordischen Nihilisten in dem Film *The Big Lebowski* bereiten sich auf die Entführung des Helden vor, indem sie Preiselbeerpfannkuchen essen. Ich will dieses cineastische Meisterwerk keineswegs kritisieren, aber man muss sich schon fragen, ob die Gebrüder Coen ihren Schurken nicht lieber Heidelbeerpfannkuchen vorgesetzt hätten. Denn Preiselbeerpfannkuchen sind ein klassisches Mensa- und Kantinengericht, während die Heidelbeere das Gold der nordischen Wälder darstellt. Bei uns sind sie natürlich um Längen besser als die blassen, sauren Zuchtheidelbeeren, die man in Amerika bekommt.

Für ca. 6 Portionen

10 große oder 20 kleine Golden Ring Pancakes (siehe S. 19)

Heidelbeerkompott
300 g frische oder TK-Heidelbeeren
2 EL Puderzucker
2 EL Wasser

Ahornsirupbutter
200 ml Ahornsirup
150 g Butter

★ Heidelbeeren, Puderzucker und Wasser in einen Topf geben, aufkochen und ein paar Minuten köcheln lassen, bis ein Kompott entsteht. Topf beiseitestellen. In einem zweiten Topf Ahornsirup und Butter schmelzen und schaumig schlagen. Kompott und Butter zu den Golden Ring Pancakes servieren.

GRANOLA

Granola schmeckt wirklich großartig, aber dieses Knuspermüsli, das seinen Durchbruch während der 1970er-Jahre in kalifornischen Hippiekreisen erlebt hat, hat leider auch eine dunkle Seite. Ursprünglich hieß es nämlich Granula und wurde im 19. Jahrhundert von finsteren, vegetarisch lebenden christlichen Sekten empfohlen, um Unzucht im Allgemeinen und Onanie im Besonderen zu verhindern. Als ein gewisser Dr. John Harvey Kellogg – auch er Vegetarier und leidenschaftlicher Gegner der Onanie – das Wundermittel massentauglich machen wollte, bekam er Schwierigkeiten bei der Registrierung des Warenzeichens, woraufhin er den Namen in Granola veränderte. So weit der heutige Beitrag zur Geschichte der Frühstücksflocken – schlaft nicht ein da in den hinteren Bänken und denkt dran, in der Pause eine Mütze aufzusetzen.

Für 1 großes Glas

210 g Haferflocken
130 g Kürbiskerne
130 g Sonnenblumenkerne
200 g gemischte Nüsse, grob gehackt
100 g Kokosflocken
150 ml Ahornsirup
100 ml Olivenöl
90 g Muscovadozucker
1 EL Vanilleextrakt
1 EL Zimt
1 TL gemahlener Ingwer
etwas grobes Salz

★ Backofen auf 150°C vorheizen (Ober-/Unterhitze, keine Umluft). Ein Backblech mit Backpapier belegen.

★ Alle Zutaten außer dem Salz in einer großen Schüssel vermischen. Die Mischung in einer dicken Lage auf das Backblech streichen. Blech auf die mittlerer Schiene im Ofen schieben und Granola ca. 45 Minuten backen, dabei alle 10 Minuten durchrühren. Nach dem Backen Salz nach Belieben zugeben und Granola vollständig abkühlen lassen. Danach in ein luftdicht verschließbares Glas füllen. Die Mischung hält sich so bis zu einen Monat. Granola schmeckt fantastisch, ob es Onanie verhindern kann, ist jedoch bis heute ungeklärt.

Tipp
Ich mag mein Granola stark geröstet, mit Karamellgeschmack, vielen Nüssen, Salz und ohne Trockenfrüchte, die meiner Meinung nach nur das Kauerlebnis stören. Wenn du es aber eher fruchtig als karamellig und knusprig bevorzugst, kannst du ruhig ein paar Rosinen, Beeren oder frische Früchte zugeben. Am allerbesten schmeckt Granola mit Vanillejoghurt oder – fast noch besser! – mit eiskalter Milch, die sich beim Mischen braun färbt und süß wird und die man als kleinen Frühstücksdigestif direkt aus dem Teller trinken darf.

BANANA BREAD

Wenn du noch nie in den Genuss gekommen bist, den Tag mit einer Tasse Kaffee und einer Scheibe dieses ziemlich süßen, weichen Bananenbrots zu beginnen – ein Brot, das ziemlich genau in der Mitte zwischen Dessert und gesundem Frühstück liegt –, dann würde ich vorschlagen, dass du das sofort änderst. Dieses Bananenbrot wird noch saftiger, wenn du es am Vortag zubereitest. Gut ist es schon am ersten Tag, fantastisch am zweiten und angeblich ein kulinarisches Ausnahmeerlebnis am dritten. Das ist aber eine ungesicherte Behauptung, denn bei mir hat es den dritten Tag nie erlebt.

Für 1 Brot (eigentlich eher ein supersaftiger, sättigender Kastenkuchen)

Fett für die Form
125 g Butter, Raumtemperatur
200 g brauner Zucker plus 2 EL zum Bestreuen
2 große Eier
1 TL Vanilleextrakt
500 g überreife Bananen, geschält, zerdrückt
300 g Weizenmehl Type 405
1 TL Salz
1 TL Backpulver
1 TL Backnatron
1 EL Zimt

★ Den Backofen auf 175 °C (Ober-/Unterhitze) vorheizen.

★ Eine ca. 12 × 30 cm große Kastenform einfetten.

★ Butter und Zucker in einer Schüssel mit dem Schneebesen schaumig rühren. Eier, Vanilleextrakt und die zerdrückten Bananen zugeben und unterrühren. Achtung: Es ist wichtig, dass die Bananen wirklich überreif sind, sonst wird das Brot nicht so saftig.

★ Mehl, Salz, Backpulver, Natron und Zimt in einer Schüssel vermischen. Die trockenen Zutaten zu der Bananenmischung geben und zu einem geschmeidigen Teig verrühren. Den Teig in die Kastenform füllen, mit 2 EL braunem Zucker bestreuen und auf mittlerer Schiene im Ofen 55–65 Minuten backen.

★ Das Bananenbrot ist fertig, wenn die Oberfläche des Brots dunkel, aber nicht verbrannt ist und an einem hineingestochenen Holzstäbchen beim Herausziehen keine Teigreste hängen bleiben. Brot in der Form abkühlen lassen, dann die erste Scheibe abschneiden und mit einer Tasse Kaffee genießen.

★ Das Bananenbrot bei Zimmertemperatur aufbewahren, ohne die knusprige Oberfläche abzudecken, damit sie nicht weich wird. Den Anschnitt kannst du aber mit Folie abdecken, wenn du willst.

COFFEE CAKE

Bei meinem ersten New-York-Besuch wollte ich als allererste Mahlzeit weder Pizza noch ein Deli-Sandwich essen, sondern Drake's Coffee Cake. Ich hatte diesen Kuchen in der TV-Serie *Seinfeld* gesehen und war ungemein neugierig auf den Geschmack des Kuchens, für den einer wie Newman einen Freund im Koma im Stich lassen würde. Schließlich bekam ich ihn in einer Bodega. Es war ein einfacher Sandkuchen mit Streuseln und eine ungeheure Enttäuschung. Aber der Coffee Cake, den ich hier präsentiere und der inspiriert ist von der Version der Kochbuchautorin Claire Saffitz, schmeckt exakt so, wie ich mir das vorgestellt hatte. Er ist unglaublich saftig, hat einen süßen Kaffeegeschmack und köstliche Streusel.

Für 12–14 Portionen

Kaffeezucker
3 EL Vollrohrzucker
2 TL Zimt
1 EL Instantkaffeepulver

Kaffeestreusel
150 g Weizenmehl Type 405
100 g Vollrohrzucker
2 TL Instantkaffeepulver
1 TL Kardamom
1 Prise Salz
125 g Butter, kalt

Kuchen
Fett für die Form
450 g Weizenmehl Type 405
2 TL Backpulver
1 TL Backnatron
1½ TL Salz
200 g saure Sahne
100 ml starker Kaffee
1 EL Instantkaffeepulver
2 TL Vanilleextrakt
175 g weiche Butter
50 ml Olivenöl
200 g weißer Zucker
150 Vollrohrzucker
4 Eier

★ Den Backofen auf 175 °C (Ober-/Unterhitze) vorheizen.

★ Eine etwa 33 × 22 cm große Backform einfetten.

★ Alle Zutaten für den Kaffeezucker in einer Tasse vermischen und beiseitestellen.

★ Für die Streusel Mehl, Zucker, Instantkaffeepulver, Kardamom und Salz in einer Schüssel vermischen. Butter würfeln, zugeben und mit den Fingern zu Streuseln kneten. Schüssel ebenfalls beiseitestellen.

★ Für den Kuchen Mehl, Backpulver, Natron und Salz in einer Schüssel vermischen. In einer zweiten Schüssel saure Sahne, Kaffee, Instantkaffeepulver und Vanilleextrakt verrühren. In einer dritten, großen Schüssel mit dem Handmixer Butter, Olivenöl, Zucker und Vollrohrzucker etwa 5 Minuten lang schaumig schlagen. Dann die Geschwindigkeit reduzieren und ein Ei nach dem anderen aufschlagen und hineingeben. Als Nächstes die Saure-Sahne-Mischung unterrühren. Die trockenen Zutaten zufügen und alles gut vermischen, aber nicht zu lange rühren.

★ Die Hälfte des Teigs in die eingefettete Form füllen. Den Kaffeezucker darauf streuen. Den restlichen Teig darüberlöffeln und glatt streichen. Die Streusel auf dem Kuchen verteilen und Kuchen im Ofen 40–45 Minuten backen, bis er goldbraun ist. Ein Holzstäbchen am Rand in den Kuchen stecken, beim Herausziehen sollte kein Teig daran haften bleiben. Den Kuchen aber auch nicht zu lange backen, in der Mitte darf er noch feucht sein.

★ Den Kuchen 1 Stunde abkühlen lassen, dann in Würfel schneiden. Als süßes Frühstück zum Kaffee servieren. Die Menge reicht für eine ganze Kompanie. Der Kuchen bleibt tagelang saftig, wenn du ihn abgedeckt bei Zimmertemperatur aufbewahrst.

DAS DIPPEN IST EINE HERRLICH amerikanische Gewohnheit. Es ist, als hätte man das altmodische europäische Konzept der Soße genommen, dann alles Prätentiöse, alle Technik, die ganzen vier Jahre Soßenklasse in der Kochschule »Cordon Bleu« entfernt und nur ein paar Zutaten zusammengerührt, um Kartoffelchips hineinzutauchen. Auch wenn die Geschichte des Dippens natürlich nicht in den USA begonnen hat – in Mexiko isst man Guacamole schon seit der Aztekenzeit und der Hummus aus dem Nahen Osten ist eines der ältesten bis heute existierenden Gerichte der Welt –, so kann man doch sagen, dass die Amerikaner den Dip zur Vollendung geführt haben.

Die Voraussetzung dafür wurde 1853 in Saratoga Springs, New York, geschaffen, als man feststellte, dass der frisch erfundene mechanische Kartoffelschäler Kartoffeln in hauchdünne Scheiben schneiden konnte, sogenannte Chips, die man knusprigfrittieren konnte. Ein Handelsreisender namens Herman Lay machte sich daran, diese Chips im Süden der USA zu verkaufen. Es dauerte nicht lange, dann gab es sie fertig verpackt überall im Land. Etwa zur selben Zeit erwarb in Texas ein Mann namens Elmer Doolin das Patent für eine neue Art in Stücke geschnittene, frittierte Maistortillas, die er nach dem spanischen Wort für »frittiert« Fritos nannte. 1961 taten sich die beiden Visionäre mit ihren Unternehmen zusammen und gründeten den größten Snack-Konzern der Welt: Frito-Lay.

Zwei weitere Innovationen sollten schließlich die Art, wie diese Chips gegessen wurden, nachhaltig verändern. Sie entstanden etwa gleichzeitig Mitte der 1950er-Jahre. 1954 lancierte die Firma Lipton eine Werbekampagne, die die Kundschaft dazu verführen sollte, Chips und Gemüsesticks in ein extra cremiges Dressing zu dippen. Diese Soße war eine Mischung aus Liptons Zwiebelpulver und saurer Sahne. Und der Dip nannte sich – ja, richtig geraten – Sour Cream & Onion.

Ungefähr zur gleichen Zeit rührte ein Cowboy aus Kalifornien aus getrockneten Kräutern, Mayonnaise und Buttermilch – alles Zutaten, die auf seiner gerade eröffneten Gästeranch vorrätig waren – ein Dressing an. Natürlich taufte er es nach seiner Ranch, und schon wenig später musste Hidden Valley, wie die Ranch hieß, Tütchen mit der Kräutermischung an begeisterte Gäste verschicken.

Doch erst als Frito-Lay 1986 seine Cool Ranch Doritos auf den Markt brachte, verwandelte sich das Ranch-Dressing von einer gewöhnlichen Würzsoße zu einem kulturellen Phänomen. Als die Pizzakette Domino's die Buffalo Wings auf ihre Speisekarte nahm und ein Schälchen Ranch-Dip dazu servierte, fingen die Leute damit an, auch den Rand ihrer Pizza hineinzutauchen. Damit war der Damm gebrochen und die USA wurden von einer wahren Flutwelle aus pikantem Dressing überschwemmt.

Heute ist der Ranch-Dip die absolute Lieblingssoße in den USA. 40 Prozent der Bevölkerung behaupten, es sei die beste Soße der Welt. Man isst sie nicht nur zu Gemüse und Chips, sondern auch zu Ramen und Tacos. Es gibt sogar ein Getränk mit Ranch-Geschmack und man kann Ranch-Brunnen für Partys mieten.

In einer bekannten Traumsequenz aus *Die Simpsons* gibt Homer sogar verführerischen Konkubinen einen Korb und verlangt stattdessen, dass sie ihm Ranch-Dip bringen. Im Mittleren Westen wird so viel von dieser Soße verzehrt, dass man als *midwest sober* – nüchtern auf Art des Mittleren Westens – gilt, wenn man seit 24 Stunden nichts davon zu sich genommen hat.

CREMIGE DIPS

Cremige weiße Soßen sind ein Muss, wenn du Snacks und Gemüse dippen willst. Du kannst sie aber auch mit etwas Milch verdünnt als Salatdressing verwenden. Was diese Dips genauso lecker macht wie die gekauften, ist der Zusatz von Glutamat. Dieser Geschmacksverstärker, reines Umami aus der Kombu-Alge, ist nicht unumstritten. Manche Leute halten ihn für schädlich, obwohl der Stoff natürlicherweise zum Beispiel in Tomaten und Parmesan vorkommt und auch in vielen Fertiggerichten und Gewürzmischungen enthalten ist. Wenn du empfindlich auf Glutamat reagierst oder einfach weitgehend auf Zusatzstoffe verzichten willst, lass es einfach weg. Sofern du es verwenden willst, bekommst du es am ehesten in Asia-Läden.

RANCH-DIP

Der Ranch-Dip ist der Star unter den Dips. Du kannst ihn zu Snacks und Chicken Wings servieren, als Salatsoße und – warum nicht? – Pizzaränder hineindippen.

Für ca. 6 Portionen

100 g Mayonnaise
100 g saure Sahne
1 TL getrockneter Dill
1 TL getrocknete Petersilie
1 TL getrockneter Schnittlauch
1 TL Knoblauchpulver
1 TL Zwiebelpulver
1 TL frisch gemahlener schwarzer Pfeffer
1 Prise Glutamat (optional)
1 Knoblauchzehe, gepresst
1 Bund Dill, fein gehackt
Salz

★ Alle Zutaten in einer Schüssel verrühren und mit Salz abschmecken. Wenn du Gemüse dippen willst, brauchst du etwas mehr Salz, für Chips und andere salzige Snacks reicht weniger.

★ Für ein Salatdressing 2 EL Milch einrühren.

BLUE CHEESE DIP

Cremig, salzig und mit dem köstlichen Geschmack von Blauschimmelkäse: Dieser Dip ist ein Klassiker zum Wedge Salad (aus einem geviertelten Eisbergsalat mit allerlei Toppings), passt aber eigentlich zu allen Salaten und macht auch auf dem Dip-Tablett etwas her. Vorsicht mit Salz, denn der Blauschimmelkäse ist schon ziemlich salzig.

Für ca. 6 Portionen

100 g Mayonnaise
100 g saure Sahne
1 TL frisch gemahlener schwarzer Pfeffer
1 Prise Glutamat (optional)
100 g Blauschimmelkäse, fein gewürfelt
1 EL frisch gepresster Zitronensaft
1 Bund glatte Petersilie, fein gehackt
Salz

★ Alle Zutaten in einer Schüssel verrühren und mit Salz abschmecken. Wenn du Gemüse dippen willst, brauchst du etwas mehr Salz, für Chips und andere salzige Snacks reicht weniger.

★ Für ein Salatdressing noch 2 EL Milch einrühren.

JALAPEÑO DILL PICKLE DIP

Dieser Dip ist pikant und sehr würzig. Ich mache ihn mir immer, wenn ich keine amerikanischen Chips mit Dill-Pickles-Geschmack bekommen kann – diese Sorte liebe ich! Aber er schmeckt auch unglaublich gut auf einem Sandwich, zu Fleischbällchen oder statt eingelegter Gurken zu einem Hotdog.

Für ca. 6 Portionen

100 g Frischkäse
100 g saure Sahne
2 EL Mayonnaise
150 g eingelegte Gurken oder Cornichons, fein gehackt
2 EL Gurkenflüssigkeit aus dem Glas
100 g eingelegte Jalapeños, fein gehackt
2 TL Knoblauchpulver
1 TL getrockneter Dill
1 TL Zwiebelpulver
1 Prise Glutamat (optional)
1 Bund Dill, fein gehackt
Salz

★ Alle Zutaten in einer Schüssel verrühren und mit Salz abschmecken. Wenn du Gemüse dippen willst, brauchst du etwas mehr Salz, für Chips und andere salzige Snacks reicht weniger.

SOUR CREAM & ONION DIP

Für diejenigen, die Chips in der Geschmacksrichtung Sour Cream & Onion lieben – und das sind eigentlich alle Menschen –, kommt hier ein entsprechender Dip mit ganz viel Zwiebelaroma. Wunderbar zum Dippen!

Für ca. 6 Portionen

3 gelbe Zwiebeln, in feine Scheiben geschnitten
2 Schalotten, in feine Scheiben geschnitten
3 EL Olivenöl
4 Knoblauchzehen, in feine Scheiben geschnitten
2 EL Wasser
Salz
200 g saure Sahne
3 EL Mayonnaise
1 TL Knoblauchpulver
2 TL Zwiebelpulver
1 Prise Glutamat (optional)
1 Bund Schnittlauch, in Röllchen geschnitten

★ Die Zwiebeln und Schalotten bei mittlerer Temperatur in einer Pfanne mit Olivenöl braten, bis sie anfangen, weich zu werden. Dann die Temperatur reduzieren und Knoblauch, Wasser und etwas Salz zugeben. Zwiebeln bei geringer Hitze karamellisieren lassen, das dauert etwa 50 Minuten. Dabei gelegentlich umrühren. Wenn die Zwiebeln weich, braun und cremig sind, beiseitestellen und abkühlen lassen.
★ Die restlichen Zutaten in einer Schüssel verrühren. Die abgekühlten Zwiebeln untermischen und Dip mit Salz abschmecken. Wenn du Gemüse dippen willst, brauchst du etwas mehr Salz, für Chips und andere salzige Snacks reicht weniger.

SPOTIFY-PLAYLIST 2
Americana: Bar room brawlers

BUFFALO WINGS

Dieses Gericht verdankt seinen Namen der Stadt Buffalo im US-Bundesstaat New York, wohin während der Rassenunruhen in den 1960er-Jahren viele Schwarze aus den Südstaaten zogen. Der Koch John Young eröffnete damals ein Restaurant, in dem die knusprige Südstaaten-Delikatesse Chicken Wings angeboten wurde. Dieses Lokal war bald so beliebt, dass das Restaurant »Anchor Bar« am anderen Ende der Stadt die Idee klaute. Von dort aus verbreitete sich das Gericht über die ganzen USA und in die Welt hinaus. Heute schätzt man, dass in den USA jedes Jahr allein am Super-Bowl-Wochenende etwa eine Milliarde Buffalo Wings gegessen werden. Übrigens ist dieser Brauch das Ergebnis einer Werbekampagne des National Chicken Council aus den 1990er-Jahren, die Chicken Wings als perfekten Super-Bowl-Snack anpries.

Für 4–6 Portionen

ca. 1 kg Chicken Wings
Frittierfett
50 g Butter
100 ml Frank's Red Hot Sauce oder Crystal oder Texas Pete (oder eine andere scharfe Grillsoße)
6 Selleriestangen
ausreichend Blue Cheese Dip oder Ranch-Dip (siehe S. 34)

★ Die Chicken Wings zunächst zerteilen. Ein Chicken Wing besteht nämlich aus drei Teilen: der Spitze, die man normalerweise abschneidet, dem im Englischen *flat* genannten Oberflügel und dem Unterflügel (*drum*). Da die Oberflügel saftiges dunkles Fleisch und eine dünne Haut aufweisen, sind sie besonders beliebt. Unterflügel sind ebenfalls gut, haben aber helleres Fleisch und weniger Haut.

★ Im Unterschied zu anderen Arten von frittiertem Hähnchen werden Buffalo Wings nicht paniert. Stattdessen ist die Haut die äußerste Schicht und wird super knusprig. Der Trick dafür heißt Doppelfrittieren.

★ Ausreichend Frittierfett in einem Topf auf 110–120 °C erhitzen. Die Chicken Wings darin 15–20 Minuten frittieren, bis sie durchgegart sind, aber noch nicht allzu viel Farbe angenommen haben. Auf Küchenpapier oder einem Gitter abtropfen lassen und bei Raumtemperatur mindestens 1 Stunde (oder im Kühlschrank bis zu 3 Tage) ruhen lassen. Du kannst sie so auch einfrieren. Doppelt frittierte Chicken Wings werden nach dem Ruhen bei Raumtemperatur knusprig, nach dem Ruhen im Kühlschrank superknusprig und nach einer Zeit im Gefrierschrank absolut fantastisch knusprig – Letztere vor dem Frittieren aber etwas antauen lassen.

★ Vor dem Verzehr Butter und Grillsoße in einem Topf bei mittlerer Hitze erwärmen und verrühren. Sellerie waschen und in Stifte schneiden. Den gewählten Dip vorbereiten. Blue Cheese Dip wird traditionell dazu gereicht, aber der Ranch-Dip wird in letzter Zeit immer beliebter.

★ Das Frittierfett auf ca. 200 °C erhitzen und die Wings darin portionsweise 5–10 Minuten frittieren, bis sie goldbraun und knusprig sind. In eine Schüssel legen, die Butter-Grillsoßen-Mischung darübergeben und umrühren. Mit Sellerie und Dip servieren.

TEXMEX-DIPS

Cremig, stückig, scharf und frisch: Die Texmex-Küche kennt eine Menge Dips und Salsas – zu Tortilla-Chips ebenso wie zu einem ganzen Texmex-Abendessen. Mit den Rezepten dieser Doppelseite hast du genug Auswahl, um Chips nie wieder trocken herunterzuwürgen.

TACO SHOP SALSA

Eine einfache rote Salsa, wie man sie gern in Taco-Buden zu den Chips serviert bekommt. Sie eignet sich natürlich wunderbar als Dip, aber auch als Zutat zu Tacos und anderen Texmex-Gerichten. Du kannst gut mit anderen Chilisorten experimentieren, Chile de Árbol ist aber die klassische Wahl.

Für 6 Portionen

5 große Roma-Tomaten
½ Zwiebel
3 Knoblauchzehen
10 getrocknete Chile-de-Árbol-Chilis, ca. 15 Minuten eingeweicht, Samen und Stiel entfernt
Salz
Saft von ½ Limette

★ Tomaten, Zwiebel und Knoblauch auf dem Grill, in der Pfanne oder im Backofen leicht Farbe und einen Hauch Süße annehmen lassen.
★ Abkühlen lassen und mit den eingeweichten Chilischoten im Mixer zu einer Salsa verarbeiten. Mit Salz und Limettensaft abschmecken.

REFRIED BEANS

Aus Bohnen lässt sich ganz einfach eine erstaunlich leckere Salsa mit zahlreichen Verwendungsmöglichkeiten zubereiten. »Esst mehr Refried Beans!«, kann ich da nur sagen, denn sie machen das Leben sofort besser. Man kann sie als Dip nehmen, als Soße zu Reis, auf einem Sandwich oder als cremige Grundlage für einen fantastischen Taco, ganz einfach mit Spiegelei oder in der Luxusversion mit Grillfleisch, hausgemachten Weizentortillas, Salsa und Guacamole.

Für 4–6 Portionen

1 gelbe Zwiebel, fein gehackt
4 Knoblauchzehen, fein gehackt
2 Jalapeños, fein gehackt
50 ml Olivenöl
400 g schwarze Bohnen aus der Dose
Salz
etwas Crème fraîche (optional)

★ Zwiebel, Knoblauch und Jalapeños in einem Topf mit Olivenöl anbraten. Die Bohnen in ein Sieb abgießen, abtropfen lassen und zugeben. So viel Wasser angießen, dass die Bohnen etwa 2 cm hoch damit bedeckt sind. Wasser zum Kochen bringen, dann die Temperatur reduzieren und Bohnen ca. 10 Minuten köcheln lassen.
★ Mit dem Stabmixer im Topf pürieren. Mit Salz abschmecken. Wenn die Masse zu fest ist, etwas Wasser zugeben. Vor dem Servieren gegebenenfalls Crème fraîche darüberträufeln,. Du kannst die Salsa immer wieder aufwärmen.

PICO DE GALLO

Diese frische Salsa bringt jede Menge Umami, Frische und Lebensfreude auf den Tisch. Ein Klassiker, den man immer parat haben sollte.

Für 4–6 Portionen

ca. 200 g aromatische Tomaten, fein gehackt
1 Zwiebel, fein gehackt
2–5 Jalapeños, fein gehackt
Saft von ½ Limette
½ Bund Koriander, fein gehackt
1 TL Salz

★ Tomaten, Zwiebel, Jalapeños und Limettensaft in einer Schüssel vermischen. Wenn die Salsa etwas trockener sein soll, kannst du die Tomaten vor dem Hacken entkernen.
★ Koriander und Salz einrühren. Nach Belieben noch mehr Salz oder Limettensaft zugeben.

GUACAMOLE

Die *grand old lady* unter den Texmex-Dips und die perfekte Ergänzung zum Pico de Gallo. Die mexikanische Guacamole ist minimalistisch, die Texmex-Variante schmeckt mehr nach Party und Knoblauch. Also keine Hemmungen beim Abschmecken!

Für 4 Portionen

4 Avocados, geschält, ohne Kern
Saft von ½ Limette
1 TL Salz
2–3 Knoblauchzehen, gepresst
2–5 Jalapeños, fein gehackt
100 g Pico de Gallo (siehe oben)
½ Bund Koriander, fein gehackt

★ Avocados in einer Schüssel mit der Gabel zerdrücken. Sofort den Limettensaft zugeben und salzen. Mit Knoblauch und Jalapeños mischen.
★ Pico de Gallo und Koriander einrühren. Nach Belieben mehr Salz oder Limettensaft zugeben.

SALSA MACHA

Du verwendest gerne Lao Gan Ma und Chili Crisp? Dann probier auf jeden Fall auch mal die mexikanische Variante des chinesischen Chiliöls. Durch die Erdnüsse wird sie wunderbar *crunchy*, und der Geschmack der gerösteten Chilischoten verleiht dem Ganzen ein wirklich besonderes Aroma. Die Salsa Macha ist gut als Dip und passt zu all deinen Texmex-Favoriten oder zu gebratenen Eiern. Wenn du die angegebenen Chilisorten nicht bekommen kannst, nimm einfach, was du kriegst. Wichtig ist nur, milde, aromatische Sorten mit scharfen zu mischen. Und lass das Glutamat nicht weg, denn Chiliöl funktioniert einfach nicht ohne. Das Öl hält sich sehr lange.

Für 6 Portionen

4 getrocknete Pasilla-Chilis
15 getrocknete Chile-de-Árbol-Chilis
1 getrocknete Chipotle-Morita-Chili
6 getrocknete Guajillo-Chilis
2 getrocknete Cascabel-Chilis
300 ml Erdnussöl
2 Knoblauchzehen, in Scheiben geschnitten
200 g Erdnüsse
1 TL Salz
½ TL Glutamat

★ Die Chilischoten von Stiel und Kernen befreien. Das Öl in einer Pfanne auf etwas mehr als mittlere Temperatur erhitzen – es sollen Bläschen aufsteigen, aber es darf nicht rauchen. Die Chilischoten portionsweise darin frittieren, ein paar Sekunden auf jeder Seite. Sie sollen Farbe annehmen, gut duften, aber nicht anbrennen. Fertige Chilischoten aus dem Öl nehmen und beiseitelegen. Knoblauchscheiben in dem gleichen Öl frittieren, bis sie goldbraun sind.
★ Das Öl abkühlen lassen, bis es gerade noch lauwarm ist. Dann mit dem Knoblauch in einen Behälter umfüllen, Chilis und Erdnüsse zugeben und alles grob mixen. Salz und Glutamat untermischen.

AUSTIN QUESO

Austin in Texas ist zwar für viele ikonische Gerichte bekannt, aber das typischste Rezept der Stadt ist eigentlich Austin Queso. Queso ist das spanische Wort für Käse, und hier handelt es sich um eine Art Dip aus geschmolzenem Käse, der mit Guacamole und Pico de Gallo kombiniert gern bei einem Barbecue serviert wird und sich mit gehackten Pickles oder Chilischoten abwandeln lässt. Die Chilivariante nennt sich Chile con Queso und war während der Amtszeit des US-Präsidenten Lyndon B. Johnson sehr beliebt im Weißen Haus. Der französische Koch dort konnte den Dip allerdings nicht leiden und nannte ihn Chile con Crete (*concrete* ist das englische Wort für Beton), weil der Käse wirklich steinhart wird, wenn man ihn nicht warmhält. Um das zu verhindern, kannst du zweierlei versuchen: Du kannst etwas Natriumcitrat hineinmischen, ein Salz der Zitronensäure, das man auch für die Herstellung von Schmelzkäse verwendet. Oder du nimmst einen Käse, in dem dieses Schmelzsalz schon enthalten ist, zum Beispiel amerikanischen Hamburgerkäse. Außerdem musst du den Dip so lange wie möglich warmhalten, entweder in einer Schüssel über einer Wärmequelle oder in einer gut vorgewärmten Steingutschüssel.

Für 4–6 Portionen

½ gelbe Zwiebel,
    fein gehackt
2 Knoblauchzehen,
    fein gehackt
2 EL Butter
50 g eingelegte Jalapeños,
    fein gehackt
1 EL Speisestärke
150 ml Milch
50 ml Wasser
200 g (Schmelz-)Käse

Zum Servieren
Tortillachips
Guacamole (siehe S. 41)
Pico de Gallo (siehe S. 41)
Weizentortillas
    (siehe S. 105)

★ Zwiebel und Knoblauch in einem Topf mit Butter braten, bis sie weich werden. Jalapeños und Speisestärke zugeben und verrühren.
★ Milch und Wasser einrühren, Soße leicht köcheln lassen. Den Käse zugeben und schmelzen. Wenn die Mischung zu dick wird, noch etwas Wasser untermischen. Soße in einer vorgewärmten Schüssel oder auf einem Stövchen servieren, sodass der Käse nicht zu schnell fest wird. Jeweils eine ordentliche Portion Guacamole und Pico de Gallo daraufgeben – oder ein anderes Topping nach Belieben – und mit Nacho-Chips oder Stücken von Weizentortillas dippen. Schmeckt unglaublich gut, lecker und cremig.

TIPP ZUM THEMA SCHMELZKÄSE
Wenn du mithilfe von Natriumcitrat deinen eigenen Schmelzkäse herstellen willst, musst du erst einmal auf die Suche gehen, wo du ausgefallenere Kochzutaten kaufen kannst, vermutlich am ehesten im Internet. Das Natriumcitrat wird in dem erwärmten Käse aufgelöst, und zwar etwa ½–5 Prozent des Käsegewichts. Je mehr du zugibst, desto säuerlicher und salziger wird der Geschmack.

SPINACH ARTICHOKE DIP

Dies ist eines von den Gerichten, die zurückhaltend anfangen, aber immer besser werden, je mehr man davon isst. Der Dip aus Spinat und Artischocken sieht auch so aus, als könnte man ihn in der entscheidenden Partyszene des Films *Der Eissturm* servieren, aber er entwickelt sich von »Joa, ganz okay« bis zu »Himmel noch mal, ich kann gar nicht mehr aufhören«. Er schmeckt nach Käse, kommt aus dem Ofen und seine Oberfläche erinnert an ein hübsches Tapetenmuster aus den 1970er-Jahren. Man kann so ziemlich alles Essbare hineindippen.

Für 6–8 Portionen

200 g frischer Blattspinat
1 Glas eingelegte Artischockenherzen
100 g saure Sahne
100 g Mayonnaise
200 g Frischkäse
100 g Mozzarella, gerieben
40 g Parmesan, gerieben
2 TL Zwiebelpulver
2 TL Knoblauchpulver
1 Prise Glutamat (optional)
Salz und frisch gemahlener schwarzer Pfeffer
Fett für die Form

★ Den Backofen auf 225 °C (Ober-/Unterhitze) vorheizen.
★ Den Spinat in einem Topf mit kochendem Wasser 30 Sekunden blanchieren. In ein Sieb abgießen, mit kaltem Wasser abschrecken und so viel Flüssigkeit wie möglich auspressen. Spinat abkühlen lassen, dann ebenso wie die Artischockenherzen fein hacken.
★ Saure Sahne, Mayonnaise, Frischkäse, Mozzarella, Parmesan, Zwiebel-, Knoblauchpulver und Glutamat in einer Schüssel verrühren. Mit Salz und Pfeffer abschmecken. Spinat und Artischocken einrühren. Masse in eine gefettete Auflaufform geben und auf mittlerer Schiene im Backofen 20 Minuten backen, bis die Oberfläche braun ist und Blasen wirft. Mit Crackern, Chips oder Gemüsesticks servieren – also mit allen üblichen Dip-Zutaten.

SANDWICHES, HAMBURGER und Hotdogs sind Arbeitergerichte. Sie sind billig, sättigend und werden gleich mit einer praktischen Umhüllung aus Brot serviert, sodass man sie überall problemlos essen kann: auf dem Weg zur Arbeit, während man in einer Autofabrik Chromteile festnietet … oder als junger, aufstrebender Anwalt, der an einem Hotdog-Stand einen Lunch im Stehen einnimmt, zusammen mit einem Mandanten, der wenig später in einem Parkhaus überfahren wird, weil er über etwas gestolpert ist, was »jemandem im Senat schaden könnte«.

Die ersten amerikanischen Sandwiches waren allerdings ein reines Oberschicht-Phänomen. Die kleinen belegten Schnittchen ohne Rinde, wie man sie in Großbritannien kannte, wurden von den schicken New Yorker Herrenclubs importiert. Bald erfand man eine sättigendere Variante, die den Namen Club Sandwich bekam. Danach dauerte es freilich nicht lange, bis die Frauen das Ganze übernahmen, und noch in den 1920er-Jahren galten Sandwiches als ein eher feminines Essen, ähnlich wie Salate und andere kalte Zwischenmahlzeiten. Natürlich konnten auch Männer Schnittchen essen, aber eher als schnellen Snack nach dem Theater, ganz sicher nicht als Mittagessen. Doch als der moralische Veganer John Harvey Kellogg (siehe auch S. 23) die Menschen dazu bringen wollte, Butter durch die frisch erfundene Erdnussbutter zu ersetzen, war bald eine weitere amerikanische Legende geboren: das Sandwich mit Erdnussbutter und Gelee. Viele weitere bahnbrechende Sandwiches sollten folgen.

Nun kann man sich fragen: Was macht eigentlich ein richtiges Sandwich aus?

In dem aufsehenerregenden Prozess Panera gegen Qdoba aus dem Jahr 2006 erklärte ein Richter aus dem US-Bundesstaat Massachusetts, dass weder Hotdogs noch Döner, Tacos oder Burritos als Sandwich bezeichnet werden dürfen, weil das Brot in diesen Fällen weder zugeschnitten ist noch oberhalb und unterhalb der Füllung sitzt, sondern diese Füllung eher in Form eines Pakets zusammenhält. Deshalb müssten solche Gerichte, so der Richter, fortan als »sandwichähnliche Produkte« bezeichnet werden.

Es gibt fünf Hauptgruppen von Sandwiches: diejenigen mit Brötchen, zum Beispiel mit Eiern und Käse, die mit weichen Hamburgerbrötchen, etwa Cheeseburger, die mit Toastbrot wie Patty Melt und die mit den länglichen Baguettebrötchen. Und dann gibt es noch ein paar Einzelerscheinungen wie die Muffuletas oder die Cubanos.

Egal, ob du dir ein Sandwich machst oder ein sandwichähnliches Produkt, es gibt ein paar Grundregeln, die du beachten solltest:

1. Nimm nicht zu viel Brot
Ein amerikanisches Sandwich verlangt nach einer guten Balance zwischen Belag und Brot. Das US-Ernährungsministerium fordert, es dürfe höchstens zur Hälfte aus Brot bestehen.

2. Pack es ein
Wenn du einen Cheeseburger, ein Sandwich oder einen Hotdog in Papier oder Alufolie einpackst, lassen sie sich perfekt transportieren. Das Brot weicht dann ein wenig durch, sodass sich alles zu einer wunderbaren Einheit verbindet. (Das gilt allerdings nicht für Brote, die knusprig bleiben sollen.)

3. Gib Dill Pickles dazu
Es lohnt sich, nach amerikanischen Dill Pickles zu suchen. Sie sind zuckerfrei und schmecken fein säuerlich. Du findest sie in speziellen Geschäften oder im Onlinehandel.

CHEESEBURGER

Die wichtigste Regel, wenn du einen guten Cheeseburger zubereiten willst: Mach keine allzu große Sache daraus. In den letzten Jahren ist es nämlich Mode geworden, sich mehr über Cheeseburger zu unterhalten, als sie zu essen. Da wird im Internet über das perfekte Verhältnis von Fleisch zu Brötchen gestritten. Ehrlich, wenn man über Cheeseburger meckert, ist das ein bisschen so, als würde man sich über Chuck Taylors oder *Rocket to Russia* von den Ramones mokieren. Das sind Klassiker, Baby! Die Menschheit liebt den Cheeseburger seit ewigen Zeiten, und wir werden wahrscheinlich sogar noch Heißhunger darauf empfinden, wenn irgendwann unsere zwei Gehirnhälften in einem Glas schwimmen. Außerdem gibt es wirklich keinen Grund, sich über etwas so ungeheuer Einfaches zu streiten. Selbstverständlich wird der Cheeseburger besser, wenn man das Brot selbst bäckt und eine hausgemachte Gewürzmischung verwendet. Aber er funktioniert genauso mit einem guten Brötchen vom Bäcker und Hackfleisch aus dem Supermarkt. Für einen richtig gelungenen Cheeseburger braucht es eigentlich nur drei Dinge: gutes, frisches Fleisch, gutes, frisches Brot und ein paar grundlegende Kochfertigkeiten. Komplizierter muss man es nicht machen.

KLASSISCHER CHEESEBURGER

Ein oder zwei saftige, kräftig gebratene Pattys, ein paar Scheiben billiger Schmelzkäse und weiches Brot, sorgsam mit Butter bestrichen. Vielleicht noch ein bisschen Zwiebel, eingelegte Gurken und Senf. Ein klassischer Cheeseburger ist nichts Besonderes und doch manchmal genau das, was man braucht.

Für 1 Burger

125 g Rinderhackfleisch
Öl und Butter zum Braten
Salz und frisch gemahlener schwarzer Pfeffer
1 Scheibe amerikanischer Hamburgerkäse
1 Hamburgerbrötchen
½ gelbe Zwiebel, gehackt
3 Scheiben Dill Pickles (ungesüßte Essiggurken)
amerikanischer Senf

★ Das Hackfleisch zu einer Kugel formen und in eine heiße Bratpfanne mit etwas Öl legen. Die Kugel etwas Farbe annehmen lassen, dann umdrehen, sodass die gebratene Seite nach oben kommt. Auf diese Weise bleibt das Hackfleisch nicht am Pfannenboden hängen, wenn du es flach drückst. Jetzt mit einem Spatel oder einem Burgergewicht auf die Kugel drücken, bis ein dünnes Burger-Patty entsteht. Den Spatel oder das Gewicht vorsichtig abziehen. Das Patty sollte dünn sein, aber es ist egal, wenn es nicht ganz rund ist oder gar auseinanderbricht. 3-4 Minuten braten, dann salzen und pfeffern.

★ Wenn das Fleisch von einer Seite ordentlich Farbe angenommen hat, mit dem Spatel darunterfahren und umdrehen. Dabei darauf achten, dass nichts am Pfannenboden kleben bleibt. Auch von der anderen Seite salzen und pfeffern, dann den Käse auflegen. 3-4 Minuten braten, bis auch die Unterseite schön Farbe bekommen hat.

★ Das Brötchen quer durchschneiden und mit Butter bestreichen. In einer zweiten Pfanne die Schnittflächen goldbraun braten. Patty in das frisch geröstete Brot legen, mit Zwiebel, Pickles und Senf vollenden und sofort servieren.

CALIFORNIA CHEESEBURGER

Ein Cheeseburger nach kalifornischer Art ist leichter und wird oft mit Eisbergsalat serviert. Das Lokal »Apple Pan« in Los Angeles gilt als Erfinder dieses Burgers.

Für 1 Burger

125 g Rinderhackfleisch
Öl und Butter zum Braten
Salz und frisch gemahlener schwarzer Pfeffer
1 Scheibe amerikanischer Hamburgerkäse
1 Hamburgerbrötchen, Mayonnaise
einige Blätter Eisbergsalat, zerpflückt
3 Scheiben Dill Pickles (ungesüßte Essiggurken)
amerikanischer Senf

Hickory Sauce (ergibt 200 g)
100 g Chilisauce
100 g Tomatenketchup
½ TL Liquid Smoke

★ Zutaten für die Sauce verrühren. Hackfleisch zu einer Kugel rollen und in eine heiße Bratpfanne mit etwas Öl legen. Die Kugel Farbe annehmen lassen, dann umdrehen. Mit einem Spatel oder einem Burgergewicht auf die Kugel drücken, bis ein dünnes Burger-Patty entsteht. Spatel oder Gewicht vorsichtig abziehen. 3–4 Minuten braten, dann salzen und pfeffern.
★ Wenn das Fleisch von einer Seite ordentlich Farbe angenommen hat, mit dem Spatel umdrehen. Dabei darauf achten, dass nichts am Pfannenboden kleben bleibt. Auch von der anderen Seite salzen und pfeffern, dann den Käse auflegen. 3–4 Minuten braten, bis auch die Unterseite schön Farbe bekommen hat.
★ Das Brötchen quer durchschneiden und mit Butter bestreichen. In einer zweiten Pfanne die Schnittflächen goldbraun braten. Mit Mayonnaise bestreichen und das Patty in das frisch geröstete Brot legen. Mit Eisbergsalat, Pickles, Senf und Hickory Sauce vollenden und sofort servieren.

OKLAHOMA ONION BURGER

Vom westlichen Texas Richtung Norden verläuft der sogenannte Burger Belt, eine Gegend, durch die Ende des 19. Jahrhunderts Cowboys die großen Rinderherden trieben. Der berühmteste Burger aus dieser Region ist der Oklahoma Onion Burger, der später durch den Burger-Missionar George Motz verbreitet wurde und sich großer Beliebtheit erfreute.

Für 1 Burger

200 g Rinderhackfleisch
1 gelbe Zwiebel, in sehr feine Streifen geschnitten
Öl und Butter zum Braten
Salz und frisch gemahlener schwarzer Pfeffer
2 Scheiben amerikanischer Hamburgerkäse
1 Hamburgerbrötchen

★ Das Hackfleisch teilen und zu 2 Kugeln rollen. Der Oklahoma Onion ist nämlich ein Doppelburger. Die Zwiebel in 2 Häufchen in eine heiße Bratpfanne mit Öl geben. Die Hackfleischkugeln auf die Zwiebeln setzen, mit einem Spatel oder Burgergewicht flach drücken, sodass dünne Burger-Pattys entstehen. Den Spatel vorsichtig abziehen. 3–4 Minuten braten, danach salzen und pfeffern.
★ Zwiebeln und Pattys zusammen mit dem Spatel umdrehen, dabei darauf achten, dass nichts am Pfannenboden kleben bleibt. Die zweite Seite ebenfalls salzen und pfeffern und auf jedes Patty 1 Scheibe Käse legen. Weitere 3–4 Minuten braten, bis auch die Unterseite schön Farbe angenommen hat.
★ Die Pattys übereinanderlegen. Das Brötchen quer aufschneiden, die Schnittflächen mit Butter bestreichen. In einer zweiten Pfanne die Schnittflächen goldbraun braten. Die Pattys in das frisch geröstete Brot legen. Sofort servieren.

PATTY MELT

In Eddie Murphys Stand-up-Nummer *Raw* kommt ein klassischer Witz vor: Der junge Eddie möchte so gern mal einen Hamburger von McDonald's essen, so wie die anderen Kinder, aber seine Mama sagt: »So was haben wir auch zu Hause«, und brät ihm einen hausgemachten Burger, der so fad schmeckt, dass der arme Eddie weinen muss. Und ein langer Käsefaden hängt ihm aus dem Mund bis zum Boden. Der Sketch ist deshalb so witzig, weil er wahr ist – auch wenn der House Burger, den Eddie Murphy beschreibt, verdächtig nach einem Patty Melt klingt. Es gibt zwar Leute, die behaupten, ein Patty Melt sei letztlich nur ein Hamburger für Arme, aber ich würde ihn eher als einen absolut unprätentiösen Burger bezeichnen. Er lässt alles Geschwätz über Zubereitungsmethoden, die richtige Fleischmischung und das korrekte Verhältnis zwischen Fleisch und Brötchen verstummen und schmeckt einfach nur gut – basta. Ursprünglich wurden für den Patty Melt Roggenbrot und Schweizer Käse verwendet. Ich ziehe die schlichtere Variante mit Toastbrot und Hamburgerkäse vor. Das hier vorgestellte Rezept ergibt jedenfalls mein absolutes Lieblingssandwich und liefert wirklich keinerlei Anlass zum Weinen.

Für 1 Sandwich

1 EL Butter
1 EL Olivenöl
½ gelbe Zwiebel, in feine Scheiben geschnitten
½ EL Apfelessig
Salz und frisch gemahlener schwarzer Pfeffer
2 Scheiben Toastbrot
2 Scheiben amerikanischer Hamburgerkäse
125 g Rinderhackfleisch
Öl und Butter zum Braten
Ketchup und amerikanischer Senf

★ Butter und Olivenöl in einer Pfanne bei mittlerer Temperatur erhitzen. Die Zwiebel darin langsam unter gelegentlichem Rühren karamellisieren lassen – das dauert etwa 10 Minuten. Eventuell einen Schluck Wasser zugeben, damit sie nicht anbrennt. Wenn die Zwiebel braun und weich ist, mit Essig, Salz und Pfeffer würzen.

★ Den Backofen auf 200 °C (Ober-/Unterhitze) vorheizen.

★ Die Brotscheiben auf ein Blech mit Backpapier legen und jeweils 1 Scheibe Hamburgerkäse daraufgeben. Auf mittlerer Schiene im Backofen ca. 5 Minuten überbacken, während das Patty zubereitet wird.

★ Das Hackfleisch zu einer Kugel rollen und in eine heiße Pfanne mit etwas Öl legen. Etwas Farbe annehmen lassen, dann umdrehen, sodass die gebratene Fläche nach oben kommt. Auf diese Weise bleibt beim Flachdrücken kein Fleisch am Pfannenboden hängen. Nun die Kugel mit einem Spatel oder Burgergewicht flach drücken, dann den Spatel vorsichtig abziehen. Das Patty sollte dünn sein, aber es ist egal, ob es ganz rund ist oder womöglich zerbricht.

★ Wenn das Fleisch schön gebräunt ist, mit dem Spatel umdrehen, salzen und pfeffern und weiterbraten, bis auch die andere Seite ordentlich Farbe angenommen hat.

★ Nun das Sandwich zusammensetzen: auf 1 Brotscheibe (die Seite mit Käse) die karamellisierte Zwiebel und das Patty legen. Dann die zweite Brotscheibe mit dem Käse nach unten aufsetzen. Sandwich gleich verzehren oder noch einmal kurz mit etwas Butter in der Pfanne braten, damit das Brot knusprig wird.

★ Mit Ketchup und Senf zum Dippen servieren.

HAM AND CHEESE

Du hast es bestimmt schon Hunderte Male gesehen: Ein sommersprossiger Teenager kommt mit seinem Bike oder Skateboard angefahren, springt vor einem Reihenhaus in einem Vorort noch im Fahren ab, flitzt in die Küche, schnappt sich das Paket mit dem Toastbrot, holt Belag aus dem Kühlschrank, dazu Mayo und Senf. Und dann macht er sich blitzschnell ein Sandwich, schneidet die Rinde ab, halbiert es – und genau in dem Moment, als er es in den Mund stecken will, wird er von einem Außerirdischen/einem maskierten Mörder/einem halb nackten Supermodel überrascht und lässt das Sandwich auf den Boden fallen. Dieses Sandwich jedenfalls ist ein echter Klassiker, die Mutter aller Toastbrot-Sandwiches, so einfach, dass man sich schon lächerlich vorkommt, wenn man dazu ein Rezept schreibt. Andererseits könnte es ja sein, dass du dir noch nie ein Ham-and-Cheese-Sandwich gemacht hast und deshalb nicht weißt, wie unglaublich lecker und einfach das ist und dass du alle Zutaten jederzeit bekommst. Deshalb ist es vielleicht doch an der Zeit, dass dir jemand das Rezept verrät

Für 1 Sandwich

2 Scheiben Toastbrot
1 EL amerikanischer Senf oder Dijonsenf
2 EL Mayonnaise
2 Scheiben amerikanischer Hamburgerkäse oder irgendein anderer Käse
2 dünne Scheiben gekochter Schinken

Eisbergsalat
1 Handvoll fein geschnittener Eisbergsalat
½ EL Olivenöl
½ EL Rotweinessig
Salz und frisch gemahlener schwarzer Pfeffer

★ Erst den Salat vorbereiten: Alle Zutaten in einer Schüssel vermischen, salzen und pfeffern.
★ 1 Brotscheibe mit Senf, die andere mit Mayonnaise bestreichen. Käse, Schinken und Salat auf das Brot mit dem Senf legen. Die zweite Brotscheibe mit der Mayonnaise nach unten darauflegen. Brotrinde abschneiden und Sandwich diagonal halbieren.
★ Für das vollkommene Erlebnis Lays Barbecue Chips und ein eiskaltes Dr Pepper dazu servieren.

NEW YORK ITALIAN HERO

Philadelphia hat seinen *Hoagie*, Neuengland den *Grinder* und New Orleans den *Po'Boy*. In New York nennt man die lokale Variante eines Baguettebrötchens, das mit Käse, Aufschnitt und Pickles gefüllt ist, *Hero*, einen Helden. Der Name stammt aus den 1930er-Jahren, als die Zeitung *New York Herald Tribune* jeden zum Helden erklärte, dem es gelang, dieses Riesensandwich aufzuessen. Wenn du dir so einen Italian Hero selbst machen willst, kannst du heimische Zutaten nehmen, aber du brauchst unbedingt Coppa dazu, eine Art italienischer Rohschinken aus dem Schweinenacken. Und das nicht nur wegen des Geschmacks. In den USA wird dieser Aufschnitt *gabagool* genannt, ein Wort, das sich im Kopf festsetzt, sodass du nie wieder so ein Sandwich zubereiten kannst, ohne »Gabagool zu mir!« zu rufen. Probier es aus, es geht nicht.

Für 1 Sandwich

½ gelbe Zwiebel, in feine Scheiben geschnitten
Eisbergsalat, fein geschnitten
Olivenöl und Rotweinessig
1 Baguettebrötchen
Mayonnaise (optional)
getrockneter Oregano und frisch gemahlener schwarzer Pfeffer
50 g Kochschinken, dünn aufgeschnitten
50 g italienische Salami, dünn aufgeschnitten
50 g Coppa, fein aufgeschnitten
4 Scheiben Provolone oder ein anderer milder Käse
3–5 Peperoncini oder andere eingelegte Chilies, grob gehackt
½ Tomate, in feine Scheiben geschnitten

★ Die Zwiebel ein paar Minuten in eiskaltes Wasser legen, so verliert sie an Schärfe und wird knackiger.
★ Den Eisbergsalat in einer Schüssel mit Olivenöl und Rotweinessig mischen.
★ Das Baguettebrötchen auf-, aber nicht ganz durchschneiden und etwas vom weichen Inneren herausnehmen.
★ Jetzt ist das Brötchen bereit zum Füllen. Wenn es gleich verzehrt werden soll, etwas Olivenöl und Rotweinessig hineinträufeln. Isst du es erst später, die Innenflächen mit Mayonnaise bestreichen, damit das Brot nicht zu sehr durchweicht. In jedem Fall jetzt mit Oregano und Pfeffer bestreuen.
★ Das Sandwich von unten her aufbauen: Kochschinken, Salami und Coppa einlegen. Dann Käse, Eisbergsalat, Chilis, Zwiebel und Tomate. Die Reihenfolge ist nicht so wichtig, die Tomaten sollten aber nicht direkt auf dem Käse liegen, sonst wird das Sandwich matschig.
★ Die Füllung mit einem Brotmesser etwas andrücken und den Deckel zudrücken. Und jetzt kommt das Wichtigste: Das Sandwich in Butterbrotpapier einwickeln. Das sieht nicht nur hübsch aus, sondern erfüllt auch eine praktische Funktion, weil das Sandwich durch den Druck komprimiert wird und sich alle Zutaten zu einer Einheit verbinden. Einmal durchschneiden, auswickeln, ein Foto für Instagram machen und genießen!

HOTDOGS!

Schon seit dem Mittelalter lieben die Menschen Wurst. Wenn man frisch geschlachtetes Fleisch durch den Wolf dreht, würzt und dann in die Därme des Opfers stopft, klingt das vielleicht nach der Handlung eines 90er-Jahre-Krimis mit einem Serienmörder, aber dennoch: Wurst mit Brot gehört zu den beliebtesten Essen auf der Welt und lässt sich großartig transportieren. Wir haben dem amerikanischen Hotdog-Handwerk viel zu verdanken. In den USA sind das Brot und die Wurst etwa immer genau gleich lang, was nicht nur das ästhetische Erlebnis steigert, sondern sich auch besser kauen lässt. Noch besser wird das Ganze, wenn man das neue, größere Hotdog-Brot mit Kartoffelteig verwendet – sehr zu empfehlen. Schwieriger dürfte es sein, die amerikanischen Würstchen aus reinem Rindfleisch zu bekommen. Es gibt sie, man muss nur etwas länger suchen. Aber ehrlich gesagt: Es geht genauso gut mit deinen normalen Lieblingswürstchen.

CHICAGO HOT DOG

Nichts erinnert so schön an die Vergangenheit mit Schirmmützen, Cargoshorts und Flipflops wie eine heiße Wurst, wie man sie vor der Baseball-Arena Wrigley Field in Chicago bekommt. Aber man sollte darüber nicht vergessen, wie unglaublich gut ein echter Chicago Hot Dog schmecken kann. Vor allem wenn man ihn *dragged through the garden* bestellt, also »quer durch den Garten« mit allem Grünzeug und Zubehör. Hier kommt das Rezept dafür. Das Ausmaß an Authentizität bestimmst allein du.

Für 4 Portionen

4 Brühwürstchen, gern aus reinem Rindfleisch
4 Hotdog-Brötchen, am liebsten die mit Kartoffelteig
Amerikanischer Senf oder Dijonsenf
4 EL Gurkenrelish, ersatzweise fein gehackte Cornichons
1 gelbe Zwiebel, fein gehackt
1 Tomate, in feine Scheiben geschnitten
2 Dill Pickles (ungesüßte Essiggurken), in feine Längsscheiben geschnitten
4–8 eingelegte Pepperoni oder Chilischoten
Selleriesalz

★ Bei echten Chicago Hot Dogs werden Brot und Wurst im Dampf gegart. Wenn du dir also wirklich Mühe geben willst, dämpfst du die Würste in einem Topf mit Dämpfeinsatz 10 Minuten. Dann die Brötchen 2–3 Minuten dämpfen, bis sie weich und warm, aber nicht matschig sind.

★ Du kannst die Würste aber auch vorsichtig in kochendem Wasser garen, so lange deine Geduld eben reicht, von 10 Minuten bis zu einem ganzen Tag, und die Brötchen im Backofen aufwärmen. Eventuell wickelst du die fertigen Chicago Hot Dogs dann in Alufolie und lässt sie zu einer wunderbaren Einheit durchziehen.

★ Wie auch immer, so werden die Hot Dogs zusammengesetzt: Würste in die Brote legen und Senf darübergeben. Dann jeweils rechts von der Wurst etwas Gurkenrelish, Zwiebel und Tomate hineingeben, links von der Wurst Dill Pickles und Pepperoni. Mit Selleriesalz bestreuen.

TIPP

Wenn du es wirklich authentisch (oder sagen wir ruhig: nerdy) haben willst, kannst du das typische Mohnbrötchen selbst herstellen, indem du die Oberseite der Brötchen mit verquirltem Ei bestreichst, dann Mohnsamen aufstreust und das Ganze im Backofen aufwärmst.

CHILI DOG

Die meisten Hotdog-Stände in den USA verwenden ein mildes Chili für ihre Chili Dogs, aber du kannst natürlich auch etwas Schärferes nehmen. Es gibt so viele regionale Varianten für dieses Gericht, dass man eigentlich nichts falsch machen kann. Angeblich ist es an mehreren Stellen gleichzeitig entstanden und hat sich dann in Wellen über die gesamten USA verbreitet. Klar ist auf jeden Fall, dass es bereits in den 1920er-Jahren gut etabliert war, besonders beliebt bei den Automobilarbeitern in Detroit, dies sättigend, lecker und genau richtig fanden, um es in ihrer 20-Minuten-Pause zu verzehren.

Für 4 Portionen

4 Grillwürstchen, gerne reines Rindfleisch
4 Hotdog-Brötchen, am liebsten die mit Kartoffelteig
400 g Chili nach Wahl (siehe S. 111–116)
1 gelbe Zwiebel, gehackt
100 g Cheddar, gerieben
amerikanischer Senf oder Dijonsenf

★ Die Würste in einer Pfanne knusprig braten oder grillen. Die Brötchen im Backofen, in der Bratpfanne oder auf dem Grill anwärmen.
★ Das Chili in einem Topf aufwärmen. Natürlich kannst du auch Fleischsauce (siehe S. 76) oder deine Lieblingsbolognese nehmen.
★ Die Würste jeweils in die Brötchen legen, mit Chili, Zwiebel, Cheddar und Senf garnieren.

SEATTLE DOG

Das Besondere am Seattle Dog ist, dass man die Wurst der Länge nach aufschneidet, dann aufklappt und auf diese Weise noch mehr Oberfläche zum Grillen bzw. Braten bekommt. Dann legt man die Wurst in das Brot und verzehrt das Ganze wie einen Hamburger. Das ist ziemlich lecker, denn jeder weiß ja, dass die gegrillte oder gebratene Fläche eigentlich das Beste ist.

Für 4 Portionen

2 gelbe Zwiebeln, in Scheiben geschnitten
Rapsöl zum Braten
1 EL Butter
1 EL Apfelessig
½ EL Chicken Powder (siehe S. 112)
Salz und frisch gemahlener schwarzer Pfeffer
4 Grillwürste, am besten reines Rindfleisch
4 Hotdog-Brötchen, am liebsten die mit Kartoffelteig
etwa 100 g Frischkäse
2–4 Jalapeños, in feine Ringe geschnitten
amerikanischer Senf oder Dijonsenf

★ Die Zwiebeln in einer Pfanne mit etwas Öl bei ziemlich hoher Temperatur braten, bis sie anfangen zu bräunen und leicht weich werden, aber noch nicht karamellisieren. Butter, Essig und Chicken Powder zugeben und mit Salz und Pfeffer würzen. Die Zwiebeln sollen noch etwas Biss haben.
★ Die Würste der Länge nach auf-, aber nicht ganz durchschneiden und dann aufklappen. In einer Pfanne oder auf dem Grill von beiden Seiten gut knusprig braten. Die Brötchen durchschneiden und im Backofen, in der Pfanne oder auf dem Grill anwärmen.
★ Die unteren Hälften der Brötchen mit Frischkäse bestreichen und mit Jalapeños belegen. Die Würste daraufsetzen und mit viel gebratener Zwiebel bedecken. Die Brötchenoberseiten auflegen. Senf nach Belieben dazu servieren.

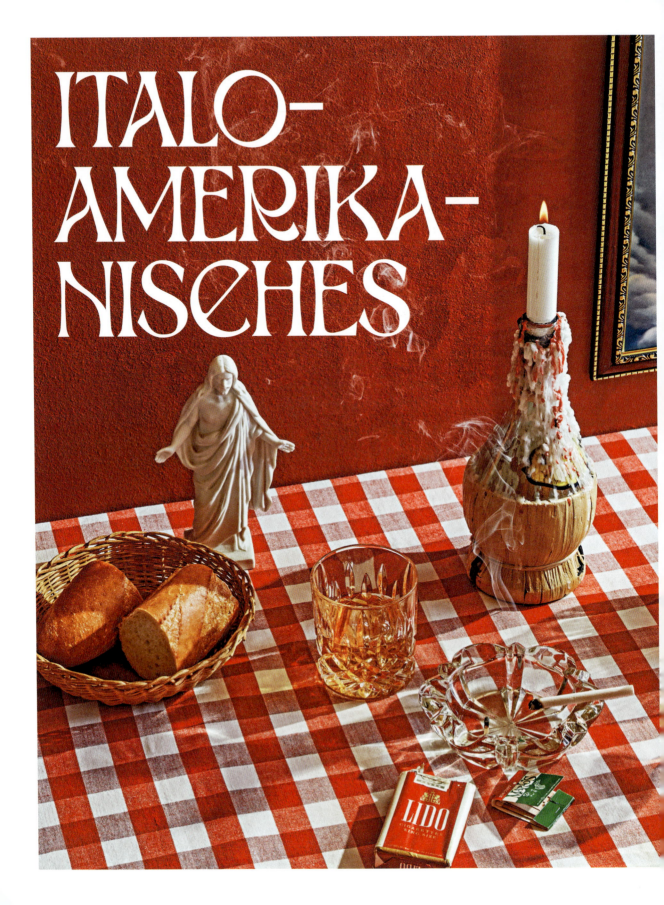

MAN KANN KAUM ÜBER DIE italo-amerikanische Küche sprechen, ohne sie mit Mafiafilmen zu assoziieren. Das ist natürlich nicht unproblematisch, weil auf diese Weise Stereotype über eine Bevölkerungsgruppe verbreitet werden, in der es nicht mehr Kriminelle gibt als etwa bei den Amerikanern schwedischer Herkunft.

Andererseits existiert fast kein Mafiafilm ohne eine Szene, in der ein gut gekleideter Psychopath einen blutenden Rivalen verscharrt und dann nach Hause zu Mamma fährt, um einen großen Teller Ziti zu verputzen – mit Tränen in den Augen.

Warum spielt das Essen gerade in den Mafiafilmen eine so große Rolle? Ein Grund dürfte rein erzähltechnischer Art sein. So wie im Film die Rechtsmediziner im Obduktionssaal gern belegte Brote verzehren, um zu zeigen, wie abgebrüht sie sind, wird hier das Essen eingesetzt, um die menschliche Seite von Leuten hervorzuheben, die wir sonst als Monster betrachten würden. Dass Tony Soprano eine Psychotherapie gemacht hat, verlieh ihm eine gewisse Menschlichkeit, aber das, was wir an ihm wirklich mochten, war doch die Tatsache, dass er mit seinen kurzen, knubbeligen Fingern ständig Aufschnitt direkt aus dem Kühlschrank aß. Und wenn Clemenza dem jungen Michael Corleone in dem Film *Der Pate* beibringt, Tomatensoße zuzubereiten, weil er in der Lage sein muss, eines Tages für 20 Männer zu kochen, spürt man wirklich, wie schwer die Erwartungen und Traditionen der Familie wiegen.

Natürlich gibt es auch kulturelle Gründe. Das Essen und seine Verbindung zur Familie spielen in einigen italienisch-amerikanischen Familien eine große Rolle, und viele reale Mafiabosse waren geradezu Foodies. Das bekannteste Beispiel ist Al Capone, der ein so begeisterter Hobbykoch war, dass seine Schwester nach seinem Tod mehrere seiner Rezepte an die Konservenfabrik *Ragu* verkaufte. Capone organisierte auch Suppenküchen für die Obdachlosen der Stadt, in denen er das Essen selbst zubereitete und servierte. Und als er am Ende seiner Karriere nach einer legalen Tätigkeit suchte, investierte er in die Molkereibranche und setzte durch, dass Milch mit einem Datum versehen wird. Denk an ihn, wenn du das nächste Mal im Bürokühlschrank eine Packung saure Milch vorfindest.

Ein weiteres Beispiel ist der Fernsehkoch David Ruggerio, der mehrere italienische Kochsendungen im amerikanischen Fernsehen moderierte – bis zu dem Moment, als zur allgemeinen Bestürzung klar wurde, dass er nicht nur ein Angehöriger der Cosa-Nostra-Familie Gambino war, sondern ein aktives Mitglied.

Auch echte Mafiabosse kochten regelmäßig für ihre ganze Truppe, so wie es Michael Corleone im Film tut. Von Crazy Joe Gallo weiß man, dass er einmal sogar einem Polizisten, der das Restaurant, in dem er saß, »heimlich« observierte, einen Teller frittierte Muscheln in Tomatensoße bringen ließ. Überhaupt waren solche Lokale wichtige Orte für die Mafiosi, sowohl als Statussymbole als auch im Dienste der Geldwäsche. Viele von ihnen wurden sogar auf dem Weg zu einem Restaurant, während ihres Aufenthalts dort oder auf dem Heimweg erschossen.

Doch die alleinige Liebe zu italienischem Essen kennzeichnet sicher nicht alle Mafiabosse. Das Lieblingsrestaurant des Gambino-Oberhaupts John Gotti soll zum Beispiel die wunderbare Südstaatenkette Cracker Barrel gewesen sein, was die patriotische Tomatensoßen-Fraktion natürlich empörte. Sein Bodyguard verteidigte die Vorliebe des Chefs jedoch mit den Worten: »Man kann doch nicht immer nur italienisch essen!«.

AMERICANA

TOMATENSOSSE

Red Sauce, Sugo, Marinara, Tomato Gravy – die italo-amerikanische Tomatensoße hat fast so viele Namen wie Einsatzbereiche, und es gibt wahrscheinlich ebenso viele Rezepte wie Töpfe und Pfannen an Sonntagnachmittagen in New Jersey oder auf der Arthur Avenue im New Yorker Stadtteil Bronx. Natürlich gibt es auch jede Menge Gerichte, die nicht mit der dunkelroten Soße bedeckt werden, aber sie ist ein so wichtiger Bestandteil der italo-amerikanischen Küche, dass sie zumindest im Englischen fast synonym dafür verwendet wird. Als »Red Sauce« wird der Teil der amerikanischen Kochkultur bezeichnet, der seine Wurzeln in den 1880er-Jahren hat, der Zeit der Masseneinwanderung aus Süditalien. Es ist auch nicht weiter verwunderlich, dass diese Soße einen solchen Kultstatus erlangt und sich so weit verbreitet hat. Denn eine richtig gute Tomatensoße ist Hausmannskost mit Trostfaktor. Sie ist einfach zu machen, nicht teuer und sehr lecker – man kann sie locker ein oder zwei Mal pro Woche oder noch öfter essen, ohne dass man ihrer überdrüssig wird. Sie spricht alle Geschmacksknospen im Mund gleichzeitig an: salzig, süß, säuerlich und umami. Und sie lässt sich unendlich variieren. Auch aus diesem Grund habe ich mich entschieden, in das folgende Kapitel nur solche Rezepte aufzunehmen, in denen Tomatensoße enthalten ist. Und ich konzentriere mich dabei auf zwei verschiedene Arten: eine klassische, lange gekochte und eine schnelle.

RED SAUCE

Dies ist das Rezept für eine lange gekochte, klassische Tomatensoße italo-amerikanischen Zuschnitts, perfekt fürs Wochenende oder Tage, an denen du zu Hause arbeitest. Genieße sie einfach so mit ein paar Nudeln und Käse oder verwende sie zu einem der Fleischgerichte auf den nächsten Seiten. In diesem Fall verbindet sich das Fett aus dem Fleisch mit der Tomatensoße, die dadurch noch reichhaltiger schmeckt. Am besten kochst du sonntags einen möglichst großen Topf davon, ruhig gleich die doppelte Menge. Dann hast du unter der Woche genügend Soße als Grundlage für verschiedene Gerichte zur Hand. Genug davon bekommst du garantiert nie.

Für 1 Topf

4 Dosen ganze Roma-Tomaten, am besten San Marzano
3 EL Olivenöl
1 gelbe Zwiebel, fein gehackt
100 g Tomatenmark
200 ml Rotwein
Salz und frisch gemahlener schwarzer Pfeffer

★ Die Tomaten in eine Schüssel geben und mit den Händen zerdrücken. Harte Stücke vom Stielansatz dabei entfernen.
★ Das Öl in einem Topf mit dickem Boden erhitzen. Die Zwiebel darin braten, bis sie weich ist. Dann das Tomatenmark einrühren, ein paar Minuten rösten und mit dem Wein ablöschen. Alles kräftig aufkochen lassen. Als Nächstes die Tomaten und 1 TL Salz zugeben.
★ Soße noch einmal aufkochen lassen, dann die Temperatur reduzieren. Bei den folgenden Rezepten kommt jetzt das Fleisch dazu.
★ Den Deckel auf den Topf legen und die Soße mindestens 3 Stunden sanft köcheln lassen. Hin und wieder umrühren und probieren. Wenn die Soße einen kräftigen Geschmack und eine schöne dunkelrote Farbe hat, mit Salz und Pfeffer abschmecken.

MARINARA

Der große Unterschied zwischen der Red Sauce und der Marinara besteht – zumindest in diesem Buch – in der Zeit. Eine klassische Marinara ist eine alltagstaugliche Soße, die nicht mehr Zeit zur Zubereitung braucht, als das Kochen der Nudeln oder das Tischdecken benötigen. Da man sie oft als Soße mit bereits zubereitetem Essen kombiniert, etwa Nudeln oder Chicken Parmigiana, und in der Regel kein Fleisch darin gart, nimmt man für den gehaltvolleren Geschmack Olivenöl, jede Menge gerösteten Knoblauch und etwas Chili. Sie schmeckt auf jeden Fall einfach wunderbar.

Für 1 Topf

4 Dosen ganze Roma-Tomaten, am besten San Marzano
150 ml Olivenöl
8 Knoblauchzehen, in Scheiben geschnitten
1 TL Chiliflocken
Salz und frisch gemahlener schwarzer Pfeffer

★ Die Tomaten in eine Schüssel geben und mit den Händen zerdrücken. Harte Stücke vom Stielansatz dabei entfernen.
★ Das Öl in einem Topf mit dickem Boden erhitzen. Den Knoblauch darin bei mittlerer Temperatur etwa 5 Minuten braten, bis er Farbe annimmt und duftet. Die Chiliflocken zugeben und 30 Sekunden mitrösten.
★ Die Tomaten und 1 TL Salz in den Topf geben. Temperatur reduzieren und Soße köcheln lassen, während du die Nudeln kochst und den Tisch deckst. 15 Minuten sind genug. Ab und zu umrühren und zum Schluss mit Salz und Pfeffer abschmecken. Die Soße hält sich bis zu 4 Tage im Kühlschrank, eingefroren ein paar Monate.

SONNTAGSSOSSE

Ich habe dieses Gericht in den letzten zwei Jahren praktisch jeden Sonntag gekocht. Eigentlich wollte ich da etwas experimentieren, aber es war schon beim ersten Mal vollkommen. Es gehört zu meinen Lieblingsgerichten und ist wirklich das perfekte Sonntagsessen. Und das Beste daran: Das Ganze macht sich im Grunde genommen wie von selbst. Der Name stammt wohl daher, dass man am Sonntag genug Zeit hatte, um die Salsiccia und das Fleisch mit Knochen möglichst lange in der Tomatensoße garen zu lassen. Jedenfalls ist dieses Essen ein so typisches Gericht der italo-amerikanischen Küche, dass es sogar in einer der bekanntesten Küchenszenen der Filmgeschichte vorkommt, nämlich der Szene in *Goodfellas*, wo sich eine Gruppe Mafiosi im Gefängnis die Zeit damit vertreibt, sich darüber zu streiten, wie viele Zwiebeln in eine Tomatensoße gehören. Und einer von ihnen schneidet den Knoblauch mit einer Rasierklinge so dünn, dass er praktisch in der Pfanne schmilzt.

Für 6–8 Portionen

500 g Schweinenacken am Stück, gern mit Knochen
300 g Salsiccia mit Chili
300 g Salsiccia mit Salbei
Olivenöl
Salz und frisch gemahlener schwarzer Pfeffer
1 Topf Red Sauce (siehe S. 69)

Zum Anrichten
Nudeln nach Belieben
Parmesan oder Pecorino, gerieben

★ Schweinenacken und Würste in einem Topf mit Olivenöl anbraten. Salzen und pfeffern.

★ Die Red Sauce nach dem Rezept von Seite 69 kochen und nach dem Anbraten zum Fleisch und den Würsten geben. Einmal aufkochen lassen, dann bei niedriger Temperatur etwa 3 Stunden köcheln lassen, bis die Fleischsäfte sich mit der Soße verbunden haben und das Fleisch schön zart ist.

★ Zum Servieren Nudeln mit der Tomatensoße vermischen und Fleisch und Würste darauf verteilen. Dazu passen geriebener Hartkäse, Rotwein, hochrote Gesichter und eine in den Hemd- oder Blusenkragen gesteckte Serviette mit Tomatenflecken.

BRACIOLE

Was Braciole angeht, so halte ich es mit Carmys Bruder Michael aus der Fernsehserie *The Bear – King of the Kitchen*: »We're not doing fucking raisins.« Nein, keine Rosinen. Rosinen sind ein Snack für Kindergartenkinder und haben in diesen italo-amerikanischen Rouladen nichts zu suchen. Stattdessen besteht die Füllung aus Prosciutto, Knoblauch, Pinienkernen, Kräutern und Unmengen von Käse, der langsam in die Tomatensoße fließt. Irgendwann ist diese Soße dann so lecker, dass du gar nicht anders kannst, als dir leise schmatzend einen Finger nach dem anderen abzulecken.

Für 4–6 Portionen

1 kg Flanksteak
Salz und frisch gemahlener schwarzer Pfeffer
3 EL Olivenöl
65 g Pinienkerne
1 Bund glatte Petersilie, klein gezupft
6 Knoblauchzehen
2 TL frisch gehackter Thymian
50 g Parmesan, gerieben
50 g Pecorino, gerieben
ca. 8 Scheiben Prosciutto
Olivenöl zum Braten
1 Topf Red Sauce (siehe S. 69)
Küchengarn

Zum Anrichten
Nudeln nach Belieben
Parmesan oder Pecorino, gerieben

★ Das Flanksteak quer in 2 dünne Scheiben aufschneiden. Plastikfolie über das Fleisch legen und mit einem schweren Gegenstand klopfen, bis die Scheiben ca. 5 mm dick sind. Salzen und pfeffern.

★ Olivenöl, Pinienkerne, Petersilie und Knoblauch im Mixer zu einer Art Pesto verarbeiten. Die Mischung auf die Fleischscheiben streichen. Thymian, Parmesan und Pecorino darüberstreuen. Mit einer Lage Prosciutto abschließen.

★ Das Fleisch aufrollen und mit Küchengarn zubinden. Das Küchengarn auch über die offenen Enden führen, sodass nichts herausfallen kann. Olivenöl in eine Pfanne erhitzen und die Rouladen darin anbraten, bis sie rundum ordentlich Farbe angenommen haben.

★ Red Sauce in einen Topf geben, Rouladen hineinsetzen und etwa 3 Stunden köcheln lassen. Die Rouladen dann aus der Soße nehmen, das Küchengarn aufschneiden und die Rouladen in appetitliche Scheiben schneiden. Mit der Tomatensoße, frisch gekochten Nudeln und Parmesan bzw. Pecorino servieren.

MEATBALLS

Dies ist die italienisch-amerikanische Version von Polpette al Sugo, also Fleischbällchen in Tomatensoße. Du kannst sie mit Spaghetti essen wie Susi und Strolch in dem Disney-Klassiker. Oder du gibst einfach drei Stück davon in einen tiefen Teller, streust Unmengen Pecorino darüber und genießt das Ganze mit einem Glas Rotwein, so wie ich. Da die Fleischbällchen im Ofen gebacken werden und der Teig ziemlich viel Ricotta enthält, werden sie wunderbar leicht und fluffig, fast wie eine Pastete – also einfach großartig. Sie sind das ideale Gästeessen, da man sie gut vorbereiten kann, bevor sie in den Ofen kommen, außerdem können dabei prima Reste verwertet werden.

Für 4–6 Portionen

4 Scheiben Weißbrot ohne Rinde
ca. 100 ml Milch
1 kg Rinderhackfleisch, am besten aus der Schulter
250 g Ricotta
3 Knoblauchzehen, gepresst
1 Bund glatte Petersilie, fein gehackt
50 g Pecorino oder Parmesan, gerieben
4 Eier
1½ TL Salz
frisch gemahlener schwarzer Pfeffer
1 Topf Marinara oder Red Sauce (siehe S. 69)

Zum Anrichten
Gemüse nach Belieben
Spaghetti
Parmesan oder Pecorino, gerieben

★ Den Backofen auf 165 °C (Ober-/Unterhitze) vorheizen.
★ Brot in eine Schüssel geben und mit Milch übergießen. Ein paar Minuten ziehen lassen.
★ Die restlichen Zutaten bis auf die Soße mit dem Brot vermischen und zu einem Teig verkneten. Fleischbällchen in beliebiger Größe formen, golfball- oder tennisballgroß, aber mehr als 120 g pro Kugel sollten es nicht sein.
★ Ein Backblech mit Backpapier belegen und die Fleischbällchen daraufsetzen. Blech auf der mittleren Schiene einschieben und Bällchen 25–30 Minuten im Ofen backen. Dann entweder sofort weiterverarbeiten oder abkühlen lassen. Im Kühlschrank halten sie sich ein paar Tage.
★ Die Soße in einem Topf erhitzen und die Fleischbällchen hineinlegen. 30 Minuten bei mittlerer Temperatur ziehen lassen. Fleischbällchen portionsweise mit Gemüse nach Belieben oder Spaghetti und sehr viel Pecorino oder Parmesan servieren.

Tipp
Wenn von den Fleischbällchen etwas übrig bleibt, kannst du am nächsten Tag Sandwiches daraus machen. Dazu die Innenseiten eines Baguettebrötchens mit Öl und Knoblauch einpinseln, die halbierten Fleischbällchen daraufgeben, mit Mozzarella und Tomatensoße bedecken und im Backofen erwärmen. Mit Basilikum garniert servieren.

ÜBERBACKENE ZITI

Dieses Gericht hat einen besonderen Platz im Herzen aller *Sopranos*-Fans. In dieser Fernsehserie, in der häufig Essen thematisiert wird – vom Pizzaland-Schild im Vorspann bis hin zu all den Szenen, in denen Tony auf dem Sofa Eis isst oder den Text auf einem Paket Frühstücksflocken studiert –, sind die gratinierten Ziti ein blutroter Faden. Schon in einer der ersten Folgen tauchen sie auf, als Tonys Sohn seinen Geburtstag feiert und die Großmutter krank ist. »Was? Keine Ziti?« Anthony Jr. ist verzweifelt. Über alle popkulturellen Assoziationen hinaus schätze ich Ziti aber auch deshalb, weil das Gericht einfach zuzubereiten und eine Art schnelle und knusprigere Lasagne ist.

Für 6–8 Portionen

500 g Rinderhackfleisch
500 g Schweinehackfleisch
Olivenöl zum Braten
Salz
1 Topf Red Sauce (siehe S. 69)
500 g Ziti oder Rigatoni
250 g Ricotta
150 g Parmesan oder Pecorino, gerieben, plus mehr zum Servieren
250 g trockener Mozzarella, klein gezupft (siehe Tipp S. 79)
frisch gemahlener schwarzer Pfeffer
Fett für die Form

★ Das Hackfleisch portionsweise in einer Pfanne mit etwas Olivenöl kräftig anbraten und mit Salz würzen. Lass dir Zeit, das Ganze soll schön knusprig werden. Je mehr Farbe das Fleisch hat, desto besser schmeckt es.
★ Die Red Sauce in einem Topf erhitzen und das angebratene Hackfleisch hineingeben. Soße einmal aufkochen lassen und dann bei niedriger Temperatur etwa 3 Stunden köcheln.
★ Den Backofen auf 225 °C (Ober-/Unterhitze) vorheizen.
★ Die Nudeln in einem Topf mit kräftig gesalzenem Wasser 2 Minuten kürzer kochen, als auf der Packung angegeben ist. Durch ein Sieb abgießen und abtropfen lassen. Den Ricotta in einer Schüssel mit der Hälfte des Parmesans und des Mozzarellas vermischen. Mit Salz und Pfeffer abschmecken.
★ Etwas Fleischsoße in eine gefettete Auflaufform geben. Dann die Hälfte der Nudeln darauf verteilen. Wieder etwas Fleischsoße und dann die gesamte Ricottamischung darübergeben. Den Rest der Nudeln zufügen und mit der restlichen Fleischsoße bedecken, aber so, dass noch ein paar »nackte« Nudeln herausschauen, die im Ofen besonders knusprig werden dürfen.
★ Mit dem restlichen Mozzarella und Parmesan bestreuen.
★ Auflauf auf mittlerer Schiene in den Backofen schieben und etwa 20 Minuten überbacken. Mit zusätzlichem Parmesan oder Pecorino servieren. Dazu gehört eigentlich ein dekadent teurer Rotwein.

TIPP
Wenn du keine Lust auf überbackene Ziti oder Lasagne hast, schmeckt diese Soße natürlich auch super mit Nudeln und – richtig geraten! – geriebenem Käse.

LASAGNE

Weird Al Yankovic, Joey Tribbiani, Lasse Holm und Garfield – sie alle lieben Lasagne. In den meisten Fällen handelt es sich dabei um die Version aus Bologna mit klassischem Ragu und Béchamelsoße. Die amerikanische Variante ähnelt eher der sizilianischen Vorlage, denn sie enthält Ricotta statt der Béchamelsoße und natürlich sehr, sehr viel Red Sauce mit Hackfleisch. Das Ergebnis ist etwas kompakter, käselastiger und knuspriger. Und vor allem ist diese Lasagne einfacher zuzubereiten, weil man sich das Kochen der Béchamelsoße spart.

Für 6–8 Portionen

500 g Rinderhackfleisch
500 g Schweinehackfleisch
Olivenöl zum Braten
Salz
1 Topf Red Sauce (siehe S. 69)
150 g Parmesan oder Pecorino, gerieben, plus 50 g
500 g Ricotta
100 g Sahne
1 Bund glatte Petersilie, fein gehackt
1 Bund Basilikum, fein gehackt
5 Knoblauchzehen, gepresst
2 Eier
50 g trockener Mozzarella, klein gezupft (siehe Tipp)
Fett für die Form
ca. 500 g Lasagneplatten
125 g trockener Mozzarella, in Scheiben geschnitten
frisch gemahlener schwarzer Pfeffer

★ Das Hackfleisch portionsweise in einer Pfanne mit etwas Olivenöl kräftig anbraten und mit Salz würzen. Lass dir Zeit, das Ganze soll schön knusprig werden. Je mehr Farbe das Fleisch bekommt, desto besser schmeckt es.
★ Die Red Sauce in einem Topf erhitzen und das angebratene Hackfleisch hineingeben. Soße einmal aufkochen lassen und dann bei niedriger Temperatur etwa 3 Stunden köcheln.
★ Den Backofen auf 190 °C vorheizen (Ober-/Unterhitze, keine Umluft).
★ 150 g Parmesan oder Pecorino, Ricotta, Sahne, Petersilie, Basilikum, Knoblauch, Eier und den klein gezupften Mozzarella in eine Schüssel geben und gut vermischen.
★ Zunächst etwas Fleischsoße in eine gefettete Auflaufform löffeln, dann eine Lage Lasagneblätter darauflegen und wieder Fleischsoße darauf verteilen. Etwas von der Ricottamasse darübergeben. So weitermachen, bis die Lasagneplatten verbraucht sind. Mit einer Lage Fleischsoße abschließen. Sie muss die Pasta nicht komplett bedecken, es dürfen ruhig ein paar Stellen frei bleiben, die im Ofen besonders knusprig werden.
★ Mit den Mozzarellascheiben und dem restlichen Parmesan bedecken.
★ Die Lasagne mit Alufolie abdecken und auf der mittleren Schiene im Backofen 45 Minuten backen. Dann weitere 15 Minuten ohne Folie fertigbacken, sodass die Ränder schön knusprig sind.

TIPP: TROCKENER MOZZARELLA
Der trockene Mozzarella schmilzt besser und ist weniger wässrig als der klassische Mozzarella, den man in Beuteln mit Flüssigkeit bekommt. Trockener Mozzarella wird normalerweise als Rolle oder bereits gerieben angeboten.

CHICKEN PARM

Nur ein Amerikaner konnte auf die sonderbare Idee kommen, geschmolzenen Käse und frittiertes Fleisch zu kombinieren. Oder um genau zu sein: Tomatensoße, geschmolzenen Käse und Fleisch. In meiner Version besitze ich allerdings die Kühnheit, die Reihenfolge umzudrehen: erst der Käse, dann die Tomatensoße. So bleibt das Hähnchen länger knusprig. Wenn du es authentisch haben willst oder ein CGS-Fan bist (*crispy gone soggy* – erst knusprig, dann matschig), dann mach es wie in der klassischen Version: erst Soße, dann Käse. Wie auch immer: Chicken Parm ist eines der großen Hmmm-Gerichte der Weltgastronomie. Es gibt wohl niemanden auf der ganzen Welt, der nicht tief in seinem Innersten zugeben muss, dass es sehr lecker schmeckt.

Für 4 Portionen

4 Hähnchenbrustfilets à 180 g
Salz und frisch gemahlener schwarzer Pfeffer
150 g Mehl
3 Eier
400 g Paniermehl oder Panko
50 g Parmesan, gerieben, plus etwas mehr zum Bestreuen und Servieren
Öl zum Braten und für die Form
4 große Basilikumblätter oder mehrere kleine
200 g trockener Mozzarella, gerieben (siehe Tipp S. 79)
1 Topf Marinara-Soße (siehe S. 69)

★ Die Hähnchenbrustfilets horizontal auf-, aber nicht ganz durchschneiden, dann flach klopfen. Salzen und pfeffern und etwas ziehen lassen, während du die Panade vorbereitest.

★ 3 Teller bereitstellen. Mehl und 1 TL Salz im ersten Teller mischen, die Eier im zweiten Teller mit einer Gabel verquirlen. Paniermehl und Parmesan im dritten Teller vermischen.

★ Den Backofen auf 200 °C mit Grillfunktion vorheizen. In einer gusseisernen Pfanne etwas Öl heiß werden lassen. Du brauchst nicht so viel wie beim Frittieren, aber mehr als beim normalen Braten. Das Hähnchenfleisch erst im Mehl wenden, dann im Ei und am Ende im Paniermehl. Hähnchen in die Pfanne geben und bei mittlerer bis hoher Temperatur knusprig braten. Herausnehmen und auf einem Gitter abtropfen lassen.

★ Wenn alle Hähnchenbrustfilets fertig sind, in eine gefettete Auflaufform legen. Mit je 1 Basilikumblatt (oder mehreren kleinen) belegen, mit Mozzarella und etwas Parmesan bestreuen. Im Backofen den Käse schmelzen lassen, bis er Blasen wirft. Mit Parmesan und Tomatensoße servieren.

★ Schmeckt gut einfach so oder mit frisch gekochten Nudeln und noch mehr von der wunderbaren Tomatensoße.

TIPP
Wenn Reste vom Hähnchenfleisch übrig bleiben, kannst du am nächsten Tag ein Chicken-Parm-Sandwich damit machen. Die Innenseiten eines Baguettebrötchens mit Öl und Knoblauch einpinseln und den Rest paniertes Hähnchenfleisch, Mozzarella und Tomatensoße in das Brötchen geben. Im Backofen aufwärmen und mit einigen frischen Basilikumblättern servieren.

Das Amerikanische Steakhouse

DAS WEISSE TISCHTUCH LIEGT noch unbefleckt vor dir. Ein Kellner mit schwarzer Fliege und Smokingjacke mischt am Nebentisch mit routinierten, fast ein wenig müden Bewegungen einen Caesar Salad. Die Speisekarte ist in Leder gebunden und groß wie eine altmodische Morgenzeitung. Du liest sie gründlich durch, während du an deinem ersten Manhattan nippst. Das erste Kapitel ist den Krustentieren gewidmet. Die wenigen Salate werden mit dermaßen viel Blauschimmelkäse und Bacon angerichtet, dass eventuell enthaltene Vitamine keine große Rolle spielen. Die dunkle Holzvertäfelung, das Gemurmel der Gäste, Gläserklirren und die gut eingeübten Bewegungen des Personals wecken das Gefühl in dir, einer Theateraufführung beizuwohnen. Und da, in der Mitte der Speisekarte, ist auch schon der Star. Das Fleisch. Aufgeteilt nach Gewicht und Eigenschaften der einzelnen Zuschnitte. Sirloin, Strip und Chateaubriand. Danach die Stücke für zwei Personen: Rib Eye am Knochen, Tomahawk. Du gibst deine Bestellung auf. Als dich der Kellner fragt, wie du dein Fleisch gern hättest, zitierst du Woody Harrelson aus dem Film *Machen wir's wie Cowboys*: »Schlagen Sie die Hörner ab, wischen ihm den hässlichen Arsch und legen es auf einen Teller.« Der Kellner lächelt höflich, aber du siehst ihm an, dass er den Witz schon mal gehört hat. Als das Fleisch schließlich aufgetragen wird, hast du vier Drinks intus. Das Fleisch verliert ein wenig roten Saft, der sich mit dem Bratfett mischt. Außen ist es schwarz und knusprig, innen ist es saftig und fast noch lila. Du isst. Der Wein ist ausgetrunken, das Schälchen mit dem Schokoladenkuchen sauber ausgekratzt. Als du gehst, fühlst du dich sehr glücklich und denkst, dass zwar die Karottenzüchter in modernen Restaurants mit Namen auf der Speisekarte erwähnt werden und die Bedienung vertraulich neben dir in die Hocke geht, wenn sie deine Bestellung aufnimmt. Aber in so einem Steakhouse weht nun mal der Geist der Geschichte durch den Grillrauch.

In der ersten Hälfte des 19. Jahrhunderts war es in Amerika noch recht ungewöhnlich, Rindfleisch zu essen. Rinder dienten im Wesentlichen der Milchwirtschaft, außerdem machte man Leder aus der Haut und Talg und Kerzen aus dem Fett. Das Fleisch wurde nur ab und zu und dann zum Hausgebrauch gegessen. Schweine, Wild und Geflügel waren leichter zu bekommen und ließen sich einfacher konservieren. Doch nach dem amerikanischen Bürgerkrieg entstand ein vollkommen neuer Markt, und auf einmal kam frisches Rindfleisch richtiggehend in Mode. Das hatte großen Einfluss sowohl auf die Viehwirtschaft als auch auf die Industrialisierung. Die Auswirkungen spüren wir heute noch, bis hin zum Klimawandel. Die Ursachen für diese Entwicklung waren sicher wirtschaftlicher Natur. In Texas gab es riesige Weideflächen und frei laufende Longhornrinder und in Chicago war gerade der größte Schlachthofkomplex der Welt gebaut worden, die Union Stockyards. Ein neuer Beruf entstand: Cowboy. Und nachdem man das Transportproblem gelöst hatte, gab es in den Großstädten an der Ostküste auf einmal eine vollkommen neue Zutat für die Küchen: frisches Rindfleisch. In riesigen Mengen. In New York gab es in Bierhallen sogenannte Beefsteaks, regelrechte Fleischorgien, bei denen man sich das Rindfleisch reinhaute, ohne Beilage, Besteck oder richtige Stühle, aber mit Unmengen von Bier. Es dauerte aber nicht lange, dann gab es zivilisiertere Versionen des Fleischkonsums. Steakhäuser wie »Delmonico's« oder »Old Homestead«, entstanden. Ab den 1920er-Jahren hatten auch Frauen Zutritt zu diesen Restaurants, die Speisekarten wurden um Salate, Austern und Cocktails erweitert und das amerikanische Steakhouse nahm die Gestalt an, in der wir es heute noch lieben oder hassen. Oder vielleicht lieben wir auch, es zu hassen. Denn gibt es sonst irgendeine Art von Restaurant, das die Dualität des Lebens besser einfängt als das Steakhouse? Den ständigen Kampf zwischen dem, was gut für dich ist, und dem, was du gerne haben möchtest? Ein Steakhouse ist ein Relikt der alten Zeiten und gleichzeitig eine romantische Erinnerung daran. Es ist Dekadenz und schlechtes Gewissen. Reines Glück mit einem leicht flauen Gefühl im Magen.

AUSTERN RICHTIG ÖFFNEN

Die Auster mit der gerundeten Seite nach unten in die linke Hand nehmen (in die rechte, wenn du Linkshänder bist). Am besten ein Geschirrtuch verwenden, um besseren Halt zu haben. Ein Austernmesser im Winkel von ca. 45 Grad in die Lücke an der spitzen Seite der Auster einführen.

Wenn das Messer drin ist, leicht hin- und herbewegen, bis die Auster sich zu öffnen beginnt – ein bisschen so, wie wenn man eine alte Dose mit Farbe aufmachen will. Versuche, dabei möglichst wenig von der Flüssigkeit in der Auster zu verlieren. Das Messer jetzt vorsichtig innen an der abgeflachten Seite entlangführen, um das Fleisch zu lösen.

Die flache Seite der Schale abnehmen, die Auster in dem gerundeten Teil vorsichtig lösen, sodass sie beim Essen leicht aus der Schale gleitet. Eventuelle Schalenreste entfernen, damit man sie beim Essen nicht ausspucken muss.

Die Roger-Sterling-Diät

Die beste Eröffnung für ein Abendessen im Steakhouse sind Austern und Martinis – die Roger-Sterling-Diät, wie Don Draper es in einer der besten Racheszenen der Fernsehgeschichte nennt. In einer Folge der Serie *Mad Men* ertappt Don seinen silberhaarigen Chef dabei, wie er mit seiner Frau flirtet. Doch statt ihn damit zu konfrontieren, lädt er ihn zum Lunch in ein schickes Steakhouse ein. Dort bestellt er Unmengen von Austern und Martinis und als die beiden Werbehaie mit leichter Schlagseite in das Bürogebäude zurückkehren, funktioniert der Aufzug nicht – was natürlich so geplant war. So müssen sie die 23 Stockwerke bis zu ihrem Büro zu Fuß gehen. Die Szene schließt damit, dass Sterling im Strahl kotzt, direkt vor die Füße potenzieller Kunden.

RAW BAR

Nichts drückt so schön »Lasset das Fest beginnen!« aus wie eine Portion Austern und ein passender Drink. Und das nicht, weil Austern nach landläufiger Ansicht so gut schmecken, sondern weil sie so komplex sind. Eine Auster ist sehr lecker und gleichzeitig ein bisschen eklig. Sie ist einfach und erhaben zugleich, elegant und glitschig. Man fühlt sich kultiviert und ebenso grausam, wenn man ein Dutzend lebende Weichtiere in sich hineinschlürft. Aber genauso, wie man die Auster manchmal vor der Kritik der Zimperlichen verteidigen muss, ist es auch nötig, sie von den Snobs zurückzuerobern. Viel zu oft werden Austern mit dem Nimbus der Vornehmheit umgeben. Sie gelten als etwas Exquisites, Besonderes, als bräuchte man eine eigene Schulung oder müsste sprechen wie ein hochrangiger Diplomat, um sie genießen zu können. All das ist allerdings überhaupt nicht nötig. Historisch gesehen ist die Auster ein einfaches, billiges Arbeiteressen. Und weil sie so schön salzig ist, verträgt sie sich gut mit einem Schwips. Ich liebe auf jeden Fall die amerikanische Austernkultur, bei der man schamlos große Mengen verzehrt, gern mit etwas Chilisoße und ein paar Crackern.

Für 4 Portionen

12–16 Austern
einige gekochte Taschenkrebsscheren (optional)
gekochte Garnelen (optional)
1 Beutel zerstoßenes Eis
1 Paket Cracker
1 Flasche Tabasco
1 Zitrone, in Scheiben geschnitten
Cocktailsoße (siehe S. 89, optional)

Mignonette

2 Schalotten, fein gehackt
100 ml Rotweinessig
Salz und frisch gemahlener schwarzer Pfeffer
1 TL Zucker (optional)

★ Für die Mignonette Schalotten in einer Schüssel mit dem Essig vermischen. Mit Salz, Pfeffer und optional Zucker abschmecken. Kalt stellen.

★ Die Austern öffnen und mit den übrigen Krustentieren, sofern verwendet, schön auf einer Platte – gern auf einem großen Silberteller – mit zerstoßenem Eis anrichten. Cracker, Tabasco, Zitrone und Mignonette oder Cocktailsoße (oder beides) dazu servieren.

COCKTAILSOSSE

Eine süß-säuerliche klassische Zutat, die so schmeckt, wie Don Draper aussieht.

Für ca. 350 ml

200 ml Chilisauce
2 EL Worcestershiresauce
2 EL Essigessenz, 12 % Säuregehalt
2 EL geriebener Meerrettich
2 EL Wasser
2 TL Knoblauchpulver
1 TL Tabasco
Salz und frisch gemahlener schwarzer Pfeffer

★ Alle Zutaten zu einer Soße vermischen. Mit Salz und Pfeffer abschmecken und in eine Servierschüssel umfüllen. Diese in die Mitte des großen, mit gestoßenem Eis belegten Tellers mit den Austern stellen.

FREEZER MARTINI

Bei diesem Cocktail empfiehlt es sich, eine größere Menge im Voraus zuzubereiten und im Gefrierschrank aufzubewahren.

Für ca. 1 Liter

500 ml Gin, z. B. Tanqueray
250 ml trockener Wermut, am besten Noilly Prat extra dry
250 ml Wasser

Zum Servieren
Cocktailgläser
je 3 Oliven auf Spießchen

★ Gin, Wermut und Wasser in eine Literflasche füllen und im Gefrierschrank aufbewahren, am besten über Nacht, damit die Mischung richtig kalt wird. Sie hält sich dort ewig.
★ Unmittelbar vor dem Servieren den Cocktail in gekühlte Gläser füllen. Die Spießchen mit den Oliven hineinlegen und sofort genießen.

FREEZER MANHATTAN

Der Manhattan ist ein altmodischer Cocktail, der in Form einer Maraschinokirsche ein kleines Präsent enthält. Er ist mein persönlicher Lieblingscocktail und ich trinke ihn am liebsten mit einer Kirsche am Stiel – eine Art Hommage an Audrey Horne in dem Film *Twin Peaks*. Auch dieser Cocktail kann im Voraus zubereitet und im Gefrierschrank aufbewahrt werden.

Für ca. 1 Liter

500 ml Roggenwhiskey, z. B. Rittenhouse
250 ml süßer Wermut, z. B. Carpano Antica
18 Tropfen Angostura Bitter
250 ml Wasser

Zum Servieren
Cocktailgläser
je 1 Maraschinokirsche, am liebsten mit Stiel

★ Alle Zutaten in eine Literflasche füllen und im Gefrierschrank aufbewahren, am besten über Nacht, damit die Mischung richtig kalt wird. Sie hält sich dort ewig.
★ Unmittelbar vor dem Servieren den Cocktail in Gläser füllen, die vorher im Gefrierschrank 10 Minuten vorgekühlt wurden. Jeweils 1 Kirsche hineingeben und sofort genießen.

Delmonico's Steak Dinner

SPOTIFY-PLAYLIST 5
Americana: Cool cat jazz

»Delmonico's« in New York ist eines der ersten amerikanischen Steakhäuser. Es war Abraham Lincolns Lieblingsrestaurant und war angeblich mitverantwortlich für die steigende Beliebtheit von frischem Rindfleisch in einer Zeit, als die meisten hauptsächlich Pökelfleisch aßen. In diesem einflussreichen Restaurant gab es auch all die Dinner-Gerichte der nächsten beiden Seiten.

DELMONICO'S STEAK

Lange Zeit war der Begriff »Delmonico's Steak« gleichbedeutend mit einem richtig guten Stück Rindfleisch gleich welcher Art. Ursprünglich handelte es sich aber wohl um ein dickes Stück Rückensteak am Knochen, ein sogenanntes Clubsteak. Deshalb verwenden wir hier genau diesen Zuschnitt. Dazu servieren wir eine schnelle sogenannte Pan Sauce, eine Soß aus der Pfanne, wie sie die Amerikaner gerne machen. Einfach, schnell und lecker.

Für 4 Portionen

ca. 1 kg Clubsteak oder Rückensteak
Salz und frisch gemahlener schwarzer Pfeffer
2 EL Öl zum Braten
4 Knoblauchzehen, gepresst
3 Zweige Thymian
3 EL Butter

Pan Sauce
3 EL Butter
1 große Schalotte, fein gehackt
1 EL ganze grüne Pfefferkörner
100 ml Bourbon oder ein anderer dunkler Branntwein
100 g Sahne

★ Das Fleisch trocken tupfen und Raumtemperatur annehmen lassen. Salzen und pfeffern.

★ Eine gusseiserne Pfanne heiß werden lassen und das Öl hineingeben. Das Fleisch darin 3 Minuten braten, ohne es anzuheben, bis es schön gebräunt ist. Dann umdrehen und noch einmal 3 Minuten braten. Wenn das Fleischstück eine dicke Fettschicht hat, auf die Schmalseite stellen und auch diese anbräunen.

★ Die Temperatur reduzieren und Knoblauch, Thymian und Butter zugeben. Sobald die Butter schäumt, die Pfanne an einer Seite etwas anheben und das Fleisch mit der Butter begießen. Fleisch erneut salzen und pfeffern, dann umdrehen und die andere Seite ebenfalls mit Butter beträufeln. Das Fleisch aus der Pfanne nehmen und an einem warmen Ort 10 Minuten ruhen lassen.

★ Währenddessen die Pan Sauce zubereiten: Dazu Knoblauch und Thymian aus der Pfanne nehmen, Butter, die Schalotte und den grünen Pfeffer hineingeben und braten, bis die Schalottenwürfel weich sind. Dann mit dem Bourbon ablöschen. Soße aufkochen lassen, die Sahne zugeben und ca. 1 Minute sämig einköcheln. Mit Salz abschmecken.

★ Fleisch quer zur Faser aufschneiden und mit Pan Sauce, frittierten Zwiebeln, Delmonico's Potatoes und Wedge Salad (S. 93) servieren.

FRITTIERTE ZWIEBELN

Die frittierten Zwiebeln verleihen dem Steak Biss und Aroma, außerdem sieht das Ganze dann wunderbar nach Steakhouse aus.

Für 4 Portionen

1 gelbe Zwiebel
60 g Mehl
Salz
1 TL Knoblauchpulver
1 TL Zwiebelpulver
1 TL Paprika
Öl zum Frittieren

★ Die Zwiebel in sehr dünne Scheiben schneiden. Mehl, 1 TL Salz und Gewürze in einer Schüssel vermischen. Die Zwiebel zugeben und alles gut vermengen.
★ Ausreichend Öl in einem Topf auf 190 °C erhitzen und die Zwiebelringe darin 1–2 Minuten knusprig frittieren. Mit einem Schaumlöffel herausheben und auf Küchenpapier abtropfen lassen. Mit etwas Salz würzen.

WEDGE SALAD

Ein Wedge Salad besteht aus einem Viertel eisgekühltem, wunderbar knackigem Eisbergsalat – dem meistunterschätzten Grünzeug der Welt –, der mit einem cremigen Dressing aus Blauschimmelkäse und mit ein paar niedlichen Tomaten serviert wird.

Für 4 Portionen

1 Schüssel Blue Cheese Dip (siehe S. 34)
1 Kopf Eisbergsalat
1 Bund Schnittlauch, in Röllchen geschnitten
10 Kirschtomaten, halbiert

★ Den Blue Cheese Dip zubereiten.
★ Eisbergsalat in letzter Sekunde aus dem Kühlschrank nehmen, vierteln und mit Dressing, Schnittlauch und Tomaten anrichten. Mit Messer und Gabel essen, nicht wie ein Sandwich.

DELMONICO'S POTATOES

Die Nummer 86 auf der Speisekarte, Lincolns Lieblingsgericht: ein cremiges Gratin, bei dem die Kartoffeln aber nicht in Scheiben, sondern in Stifte geschnitten werden. Das Gratin lässt sich gut vorbereiten und im Kühlschrank aufbewahren, bis die Gäste kommen. Wenn du es in den Backofen schiebst, sobald du mit der Zubereitung der Steaks anfängst, ist das Timing perfekt. So gelingt das Essen auch noch nach Genuss von zwei oder drei Manhattans.

Für 4 Portionen

500 g festkochende Kartoffeln
50 g Butter plus mehr für die Form
3 Knoblauchzehen, in Scheiben geschnitten
½ gelbe Zwiebel, in Scheiben geschnitten
300 g Sahne
200 ml Milch
1 TL Senfpulver
etwas geriebene Muskatnuss
Salz und frisch gemahlener schwarzer Pfeffer
30 g Cracker, zerbröselt
25 g Parmesan, gerieben
1 Bund Schnittlauch, in Röllchen geschnitten

★ Den Backofen auf 225 °C vorheizen (Ober-/Unterhitze, keine Umluft).
★ Die Kartoffeln schälen und in Stifte (wie Pommes frites) schneiden. Butter in einem Topf schmelzen und Knoblauch und Zwiebel darin langsam anschwitzen, bis sie weich sind. Sahne und Milch zugeben und aufkochen lassen.
★ Die Kartoffeln in die Mischung geben und köcheln lassen, bis sie weich sind. Mit Senfpulver, Muskat, Salz und Pfeffer würzen. Bis zu diesem Punkt kannst du alles vorbereiten.
★ Die Mischung in eine gefettete Auflaufform füllen, mit Crackern und Parmesan bestreuen und auf der mittleren Schiene im Backofen ca. 10 Minuten backen, bis das Gratin Blasen wirft und die Oberfläche eine schöne Farbe hat. Mit Schnittlauch bestreut servieren.

Flaming Alaska

Das spektakuläre Dessert mit dem Namen »Alaska in Flammen« wurde von »Delmonico's«-Küchenchef Charles Ranhofer erfunden, um den Kauf des Territoriums Alaska 1867 zu feiern. Ursprünglich kostete die Portion im Restaurant genauso viel wie etwa ein halber Hektar Land in Alaska. Und es hieß zunächst »Alaska, Florida«, um den Kontrast zwischen Kalt und Warm einzufangen. Im »Antoine's«, einem Restaurant in New Orleans, wurde es angeblich unter dem Namen »Baked Alaska« serviert. Wenn du es richtig schick machen willst, flambierst du das Dessert. In einem abgedunkelten Raum zu einer festlichen Gelegenheit ist der Effekt ebenso groß wie die Brandgefahr – also keine Sache für Minderjährige/Ungeschickte/Betrunkene oder Menschen, die ihre eigenen Missgeschicke anderen anlasten, zum Beispiel unschuldigen Kochbuchautoren. Alle hier Genannten sollten den letzten Schritt am besten weglassen und das Dessert servieren, sobald die Baisermasse etwas Farbe angenommen hat.

Für 6–8 Portionen

1 l Vanilleeis, selbst gemacht oder gekauft
50 g Schokolade nach Belieben, gerieben
1 l Himbeer- oder Erdbeereis, selbst gemacht oder gekauft
1 Tortenboden, selbst gemacht oder gekauft
½ Eierschale
100 ml Rum, Roggenwhiskey oder Bourbon mit hohem Alkoholgehalt (über 50 %)

Baiser
220 g Zucker
70 ml Wasser
100 g Eiweiß

★ Eine Schüssel mit halbkugelförmigem Boden mit Frischhaltefolie auskleiden, den Rand der Folie überstehen lassen. Das Vanilleeis weich werden lassen, sodass man es gut in die Schüssel geben und glatt streichen kann. Mit einem Spatel glätten, dann Schokolade darübergeben und Schüssel in den Gefrierschrank stellen.

★ Mit dem Himbeer- oder Erdbeereis genauso verfahren. Nach dem Glattstreichen Schüssel wieder in den Gefrierschrank stellen. Zugedeckt kann die Eisbombe so ein paar Tage aufbewahrt werden.

★ Die Baisermasse einige Zeit bevor die Gäste kommen zubereiten. 200 g Zucker mit dem Wasser in einen Topf geben und aufkochen. Den restlichen Zucker und das Eiweiß in eine Schüssel geben und mit dem Handmixer steif schlagen. Wenn das Zuckerwasser 124 °C erreicht hat, vorsichtig und langsam in das geschlagene Eiweiß gießen. Dabei mit niedriger Geschwindigkeit weiterschlagen.

★ Wenn das gesamte Zuckerwasser eingearbeitet ist, mit höchster Geschwindigkeit ein paar Minuten weiterschlagen, dann wieder auf niedrige Geschwindigkeit gehen und weitermachen, bis die Masse abgekühlt ist und fest wird. Bei Raumtemperatur stehen lassen.

★ Wenn es Zeit für das Dessert ist, das Eis aus der Schüssel heben (an den Rändern der Frischhaltefolie hochziehen). Wenn es zu fest sitzt, etwas heißes Wasser über die Außenseite der Schüssel laufen lassen. Den Tortenboden auf eine Platte legen, die Eisbombe mit der Kuppel nach oben auf den Tortenboden setzen, den überstehenden Rand abschneiden. Die Baisermasse darauf verteilen und kurz mit dem Bunsenbrenner bearbeiten, sodass sie eine bräunliche Farbe bekommt (es geht auch unter dem Backofengrill, höchste Stufe, ca. 5 Minuten).

★ Zum Servieren die Eierschale mit der Rundung nach unten auf dem höchsten Punkt der Eisbombe eindrücken. Den Alkohol in einem kleinen Topf anwärmen, ca. 2 EL in die Eierschale geben, anzünden und den restlichen Alkohol vor den Augen der begeisterten Gäste langsam darüberschütten.

WIE IST EIGENTLICH DIE TEXMEX-KÜCHE ENTSTANDEN? Welchem historischen Zufall verdanken wir, dass eine der beliebtesten Würzkombinationen der Menschheit – Chili, Knoblauch und Kreuzkümmel – entdeckt wurde? Denn schließlich ist diese Gewürzmischung – die manchmal auch »Tacogewürz« genannt wird, obwohl sie gar nicht viel mit Tacos zu tun hat – in Mexiko überhaupt nicht heimisch!

Ursprünglich verstand man unter Texmex eine Eisenbahnlinie, die Mitte des 19. Jahrhunderts von Texas nach Mexiko verlief. Der Bezug zum Essen entstand erst in den 1970er-Jahren, als die britische Foodjournalistin Diana Kennedy die Bezeichnung verwendete, um den Unterschied zwischen dem reinen, guten mexikanischen Essen (oder dem, was sie dafür hielt) und der vulgären Abart aus den USA klarzumachen.

Diese Einstellung prägt oftmals auch heute noch den Blick auf Texmex. Diese Küche gilt als amerikanisierte Version des mexikanischen Essens und wird oft als fett und ungesund abgetan, kaum besser, als wenn man eine Tüte Chips aufmacht und sich damit vor den Fernseher haut.

Tatsächlich hat Texmex aber Wurzeln, die weit in die Vergangenheit reichen. Angeblich handelt es sich dabei um die erste amerikanische Regionalküche. Als Texas 1836 seine Unabhängigkeit von Mexiko erlangte, war in dem Gebiet eine eigene Kultur verbreitet. Die Bevölkerung wurde »Tejanos« genannt und war mexikanischer Herkunft, aber ihre Küche war eine komplexe Mischung aus spanischen, deutschen und mexikanischen Einflüssen, dazu Elemente der Küche, wie sie die amerikanischen Ureinwohner kannten. Man kochte mit viel Chili wie in Mexiko, verwendete aber auch europäische Zutaten wie Bohnen, Getreide und Käse. Und nachdem es einfacher war, Weizenmehl zu bekommen als Maismehl, machte man die Tortillas aus Weizen. Diese Dinge verbreiteten sich bald im Südwesten der USA und im Norden Mexikos. Da es viele frei laufende Rinder gab, wurde auch viel Rindfleisch gegessen, und weil die Vaqueros mit den Herden monatelang unterwegs waren, kamen gezwungenermaßen auch getrocknete und konservierte Zutaten zum Einsatz.

Als die Masseneinwanderung aus Europa Fahrt aufnahm, wurde die aufstrebende Texmex-Küche von zwei Einwanderergruppen stark beeinflusst. Deutsche Metzger fingen an Wurst zu machen und das Rindfleisch auf dem offenen Feuer zu grillen, wie sie es aus ihrer Heimat kannten. Das Ergebnis wurde in großen Mengen unter dem Namen Barbecue serviert. Und die Einwanderer von den Kanarischen Inseln, die in San Antonio landeten, brachten ihre nach Kreuzkümmel duftende Gewürzmischung mit. Bald schlugen sich diese Einflüsse in der lokalen Küche nieder und so entstand, was wir heute für das ursprüngliche Texmex-Gericht schlechthin halten: Chili con Carne. Oder auch Chili Queen Chili, wie es zu Ehren der Tejano-Frauen genannt wurde, die diesen Eintopf an ihren Ständen auf der Military Plaza in San Antonio verkauften.

Und da die Menschen damals ähnliche Geschmäcker hatten wie wir heute, wurde Texmex-Essen bald ungeheuer populär. Als ein deutscher Einwanderer namens William Gebhardt 1896 herausfand, dass man getrockneten Chili mahlen und mit getrocknetem Knoblauch und Kreuzkümmel vermischen konnte, war die Gewürzmischung geboren, die sich über die USA und in die Welt hinaus verbreiten sollte. Was letztlich dazu führte, dass wir heute in Schweden jeden Freitag Svennetacos essen, selbst unser Weihnachtsessen mit Tacogewürz abschmecken und scharfen Jalapeño-Frischkäse auf Knäckebrot genießen.

NACHOS

Um es gleich vorweg zu sagen: Nachos sind eine volle Mahlzeit und nicht irgendwelche Tortillachips. Zweitens: Richtige Nachos sind einfach zu machen, doch es braucht etwas Sorgfalt, es ist also mehr, als nur Chips auf einen Teller häufen, mit Käse bedecken und in die Mikrowelle schieben. Hier die Entstehungsgeschichte dazu: Eines späten Abends im Jahr 1943 kamen ein paar amerikanische Soldatenfrauen von der nahe gelegenen US-Militärbasis in das Restaurant »Victory Club« in der kleinen mexikanischen Grenzstadt Piedras Negras. Sie hatten noch Hunger, aber die Küche war schon geschlossen. Der gestresste Koch nahm ein paar frittierte Tortillas und eingelegte Jalapeños, rieb Colby-Käse aus den Vorräten der Militärbasis darüber und stellte das Ganze in den Backofen. Der Koch hieß Ignacio Anaya, sein Spitzname lautete Nacho. Als die Amerikanerinnen fragten, wie das erstaunlich leckere Essen hieß, das er ihnen serviert hatte, nannte er es »Nacho's especiales«. Und damit war ein Snack-Klassiker geboren. Tod allen falschen Nachos! So macht man die echten:

Für 4 Portionen

1 Packung Tortillachips
ca. ½ Glas eingelegte Jalapeños, in Ringe geschnitten
ca. 150 g geriebener Käse, z. B. eine Mischung aus Cheddar und trockenem Mozzarella (siehe Tipp S. 79)

★ Den Backofen auf 200 °C vorheizen (Ober-/Unterhitze, keine Umluft).
★ Die Tortillachips in einer Lage in eine Auflaufform legen. Das ist genau jenes kleine Extra an Sorgfalt, das perfekte Nachos von einem deprimierenden Haufen Chips mit Käse unterscheidet. Auf jeden Chip 1 Jalapeñoring legen, dann das Ganze mit Käse bestreuen. Da man außerhalb der USA nur selten Colby-Käse bekommt, empfehle ich eine Mischung aus Cheddar und trockenem Mozzarella, aber im Grunde genommen tut es jede aromatische Käsemischung.
★ Chips im Ofen gratinieren, bis der Käse geschmolzen ist und Farbe angenommen hat. Sofort servieren.

SPOTIFY-PLAYLIST 6
Americana: Honky tonk heroes

CRISPY TACOS

Dieses weltweit beliebte Essen stammt weder aus Mexiko noch aus Texas, sondern aus San Bernardino, einem Ort im Hinterland von Los Angeles. Dort findet sich die kleine mexikanische Gaststätte »Mitla Café«, wo man in den 1930er-Jahren damit begonnen hat, mexikanische Tacos dorados zu servieren, frittierte Tacos, aber mit amerikanisierten Zutaten: In eine Maistortilla, die erst zusammengedrückt und frittiert, dann wieder geöffnet wird, kommen ein Klecks Hackfleisch, Eisbergsalat, geriebener Cheddar und Pico de Gallo. Das schmeckte natürlich unglaublich gut und bald standen die Kunden Schlange. Als der Besitzer des Cafés auf der anderen Straßenseite das mitbekam, ahmte er frech das Rezept nach und servierte die Tacos unter seinem eigenen Namen als »Taco Bell«. Wenn du die Originalversion aus dem »Mitla Café« zubereiten möchtest, aber auf das Frittieren lieber verzichtest, versuch es mit meinem Rezept.

Für 1 Taco

ca. 50 g Rinderhackfleisch, aus der Schulter
1 Maistortilla
Öl zum Braten
ca. 2 TL Texmex-Gewürz (siehe unten)
Salz und frisch gemahlener schwarzer Pfeffer

Texmex-Gewürz
2 EL Paprikapulver
1 EL Zwiebelpulver
1 EL Knoblauchpulver
1 EL gemahlener Kreuzkümmel
1 EL Chilipulver
1 EL Salz
1 EL Zucker
1 EL Chicken Powder (siehe S. 112)

Zum Anrichten
Eisbergsalat, in Streifen
Pico de Gallo (siehe S. 41)
Cheddar, gerieben
Crème fraîche
Chilisauce

★ Alle Zutaten für das Texmex-Gewürz in einer Schüssel vermischen. Würzmischung in einem Glas mit Schraubverschluss aufbewahren. Sie hält sich monatelang und kann für alles verwendet werden, wozu Tacogewürz passt.

★ Eisbergsalat sowie Pico de Gallo vorbereiten und den Tisch decken, denn wenn die Zubereitung der Tacos erst mal beginnt, geht es schnell.

★ Das Hackfleisch zu einer Kugel rollen. Die Kugel in die Mitte der Maistortilla setzen. Mit der Fleischseite nach unten in eine Bratpfanne mit Öl legen und mit einem Spatel flach drücken wie bei einem Burger. Das Fleisch soll dünn und knusprig gebraten sein. Wenn es ordentlich Farbe angenommen hat, das Ganze umdrehen, sodass die Tortilla unten liegt. Das Fleisch mit Texmex-Gewürz, Salz und Pfeffer würzen. Die Tortilla sofort zusammenklappen, sodass beim Braten eine feste Tacoschale entsteht. Schale von beiden Seiten rösten. Keine Sorge, wenn die Tortilla nicht gleichmäßig knusprig wird wie Chips, die Mischung zwischen weich und knusprig ist genau der Witz an der Sache.

★ Taco aus der Pfanne nehmen und auf Küchenpapier oder einem Gitter abtropfen und etwas abkühlen lassen. Wenn du mehrere Tacos zubereitest, am besten im Backofen bei 100 °C warm halten.

★ Vor dem Servieren die Tacoschale vorsichtig öffnen und mit Eisbergsalat, Cheddar, Pico de Gallo, Crème fraîche und Chilisauce nach Belieben füllen.

WEIZEN-TORTILLAS

Die Seele des Texmex ist weder Chili noch Käse oder Guacamole. Die Seele des Texmex ist eine selbst gebackene Weizentortilla. Ich möchte sogar behaupten, dass richtig gutes Texmex-Essen ohne eine perfekte Tortilla gar nicht denkbar ist. Sie ist das große, schlagende Herz der Texmex-Küche und eine meiner drei Lieblingszutaten überhaupt. In meinem ersten Kochbuch, in dem es um die Grundlagen der Texmex-Küche ging, findet sich ein Rezept für Weizentortillas, das ich seit Erscheinen des Buchs vor etwa elf Jahren praktisch jede Woche zubereitet habe. Ich will nicht prahlen, aber in dieser Zeit sind meine Weizentortillas nahezu perfekt geworden. Sie sind dünn, weich und köstlich. Genau wie handgemachte Pasta, butteriges indisches Roti oder der Rand einer neapolitanischen Pizza sind sie so lecker, dass man eigentlich nicht viel dazu braucht. Manchmal esse ich sie nur mit einem Spiegelei oder etwas Chilisauce – und warum nicht mit Butter und Honig? Aber: Was ist der Unterschied zwischen den Weizentortillas, wie ich sie heute mache, und denen vor elf Jahren? Das Rezept hat sich ja nicht verändert, also muss der Unterschied in ein paar kleinen Details liegen …

WEIZENTORTILLAS, GRUNDREZEPT

Hier zunächst einmal das kurzgefasste Grundrezept. Auf der nächsten Seite kommen dann die kleinen Details, die gute Weizentortillas von fantastischen unterscheiden.

Für ca. 20 kleine Weizentortillas

420 g Weizenmehl plus mehr für die Arbeitsfläche
½ TL Backpulver
½ TL Salz
50 g Butter, in Würfel geschnitten
300 ml warmes Wasser

★ Die trockenen Zutaten in einer Schüssel vermischen. Butter zugeben und mit der Hand unterkneten. Das Wasser zugießen und alles zu einem klebrigen Teig verarbeiten. Zur Kugel formen, mit einem Geschirrtuch abdecken und 20 Minuten bei Raumtemperatur ruhen lassen.

★ Den Teig in 20 gleich große Stücke teilen und diese zu Kugeln rollen. Kugeln auf einer bemehlten Arbeitsfläche rund ausrollen. Tortillas in einer heißen Pfanne ohne Fett backen, bis die Unterseiten Farbe annehmen. Wenden und weiterbacken. In einem Tortillawärmer oder mit Alufolie und einem Handtuch umwickelt bis zum Essen aufbewahren.

1. DAS MEHL
Es macht einen riesigen Unterschied, welches Mehl du verwendest. Eine Weizentortilla soll weich, leicht und geschmeidig sein, deshalb halte ich nichts davon, Vollkornmehl zu nehmen. Ich bevorzuge fein gesiebtes Weizenmehl, Tipo 00 funktioniert gut, ebenso Type 550.

2. DAS SALZ
Eigentlich ist das der einzige Unterschied zum Ursprungsrezept: Ich nehme etwas mehr Salz, als im Grundrezept angegeben. Wenn ich weiß, dass ich nur eine ganz einfache Füllung dazu essen werde, verdopple ich die Salzmenge sogar.

3. DIE BUTTER
Butter ist ja immer gut, aber wenn ich eine Hommage an die Weizentortillas, die man im Norden von Mexiko isst, im Sinn habe, nehme ich stattdessen Rindertalg. Er verleiht deinen Tortillas einen etwas derberen, fast fleischigen, auf jeden Fall kräftigeren Geschmack.

4. DAS WASSER
Im Rezept heißt es »warmes Wasser«. Nachdem ich inzwischen gefühlt etwa eine Million Weizentortillas gebacken habe, weiß ich, dass sie am besten werden, wenn das Wasser exakt 80 °C hat. Warum, kann ich nicht sagen.

5. DIE TEIGRUHE
Alle, die ab und zu backen, wissen, wie wichtig es ist, einen Teig ruhen zu lassen, nachdem man ihn zusammengerührt hat. Das gilt auch für die extrem einfachen Weizentortillas, deshalb sollte man bei diesem Zubereitungsschritt nicht schlampen. Selbst der schlechteste, klumpigste Teig gewinnt, wenn man ihn ordentlich ruhen lässt.

6. KEINE ANGST VOR KLEBRIGEM TEIG
Wenn du meinem Rezept folgst, ist der Teig ziemlich feucht. Das muss auch so sein, also lass dich nicht dazu verleiten, mehr Mehl einzukneten. Klebt der Teig an der Arbeitsfläche, kannst du natürlich großzügig Mehl darüberstäuben. Überschüssiges Mehl schüttelst du ab, bevor du die Tortilla in die Pfanne legst, ähnlich wie bei einer Pizza.

7. DIE KUGEL
Formst du den Teig erst zu einer Kugel, bevor du ihn ausrollst, wird deine Tortilla runder und gleichmäßiger. Also auch hier bitte nicht schlampen. Vor dem Ausrollen die Kugel mit der Hand etwas flach drücken, dann geht es einfacher.

8. DAS AUSROLLEN
Wichtiger, als dass die Tortilla perfekt rund wird, ist, dass sie dünn ist, am besten so dünn, dass man die Farbe der Arbeitsplatte durch den Teig erkennt. Sehr gut geht das mit den kleinen Teigrollen für Dumplings, die man in Asialäden bekommt. Damit die Tortillas so rund wie möglich werden, drehe ich sie beim Ausrollen immer wieder ein Stückchen weiter.

9. DIE BACKTEMPERATUR
Die richtige Temperatur ist unglaublich wichtig, wenn du Tortillas bäckst, vielleicht sogar das wichtigste Detail. Die Pfanne muss heiß genug sein, damit die Tortilla schön aufgeht, aber auch nicht so heiß, dass das Mehl verbrennt und bitter wird. Auf meinem Herd verwende ich Stufe 7 von 10. Manchmal bläst sich die ganze Tortilla auf, manchmal gibt es mehrere kleine Blasen. Wichtig ist nur, dass sie überhaupt aufgeht, denn wenn sie das nicht tut, ist die Pfanne nicht heiß genug und die Tortilla wird trocken und bröselig.

10. DIE RUHE IM TORTILLAWÄRMER
Wenn du alles richtig gemacht hast, ist deine Tortilla jetzt schön weich und geschmeidig. Damit sie warm bleibt und nicht hart wird, kannst du sie im Tortillawärmer aufbewahren, bis alles andere fertig ist und gegessen werden kann. Besitzt du keinen Tortillawärmer, kannst du die Tortillas in Alufolie einschlagen und ein Geschirrtuch darumwickeln. Ich achte auch immer darauf, dass sie in der Reihenfolge gegessen werden, in der sie gebacken wurden. Das kommt meinem Gerechtigkeitssinn entgegen – außerdem bleiben so alle Tortillas weich.

FAJITAS

Allzu oft sehen Fajitas, wenn man sie in Europa bestellt, eher so aus wie aufgeschnittenes Steak mit ein paar Zwiebel- und Paprikastreifen. Ursprünglich handelt es sich aber um ein Grillgericht aus Texas, das aus einem ganz speziellen Stück Rindfleisch hergestellt wird. Das Wort »Fajitas« stammt von dem spanischen Wort *faja*, das so viel bedeutet wie »Gürtel«. Es bezieht sich auf den langen Zwerchfellmuskel, der einem Gürtel ähnelt und im Englischen als Skirt Steak bezeichnet wird. Im Deutschen spricht man auch von Kronfleisch oder Saumfleisch – ein immer noch unterschätztes Stück Fleisch. Fajitas wurden von dem Restaurant »Ninfa's« in Houston, Texas, populär gemacht, und zwar irgendwann in den 1970er-Jahren. Dort servierte man das Fleisch auf einer heißen Eisenplatte. Aber tatsächlich gibt es Fajitas schon viel länger. Die mexikanischen Cowboys in Texas, die Vaqueros, bekamen als Teil ihres Lohns den Kopf und die Innereien des Rinds, außerdem das etwas zähe, aber unglaublich saftige, geschmackvolle Zwerchfell. Dieses Fleisch schnitt man zu, marinierte es in Fruchtsaft und grillte es schnell bei hoher Temperatur, genau wie das mexikanische Carne Asada. Dann servierte man es mit Salsa, gegrillten Zwiebeln, Chili und – natürlich – Weizentortillas. Einfach, aber unglaublich gut.

Für 4 Portionen

ca. 1 kg Skirt Steak (Kronfleisch, Saumfleisch)
ca. 100 ml Limettensaft
frisch gemahlener schwarzer Pfeffer
50 ml helle Sojasoße
1 Bund Frühlingszwiebeln
10–15 frische Jalapeños oder Sivri-Paprika
Salz

Knoblauchbutter

10–15 Knoblauchzehen, fein gehackt
100 g Butter

Zum Anrichten

Weizentortillas (siehe S. 105)
Pico de Gallo (siehe S. 41)
Guacamole (siehe S. 41)
Crème fraîche

★ Vom Fleisch Silberhaut und Sehnen entfernen (Fett dranlassen). Das Skirt Steak horizontal zerteilen, aber nicht durchschneiden, und aufklappen, sodass eine dünne Fleischplatte entsteht. Eventuell noch flach klopfen. Mit Limettensaft, 1 EL Pfeffer und Sojasoße in eine Schüssel geben und Fleisch rundum mit der Marinade überziehen. Bei Raumtemperatur ca. 1 Stunde ruhen lassen.

★ Den Rest der Fajita-Party angehen: Weizentortillas, Pico de Gallo und Guacamole zubereiten. Den Grill anwerfen und den Backofen auf 200 °C vorheizen (Ober-/Unterhitze, keine Umluft).

★ Eine Eisenplatte oder gusseiserne Pfanne im Backofen vorheizen – sie wird fürs spektakuläre Servieren benötigt.

★ Für das Grillgemüse die Frühlingszwiebeln in tacogroße Stücke schneiden, Jalapeños entkernen. Butter mit Knoblauch in einen Topf geben und schmelzen, sodass eine heiße Knoblauchbutter entsteht.

★ Dann wird gegrillt! Mit dem Gemüse beginnen, es soll eine schöne Farbe bekommen. Danach salzen und pfeffern. Das Skirt Steak auf den Grill legen und auf beiden Seiten je 5–7 Minuten grillen, bis die Oberfläche dunkel, das Innere aber noch fast blutig ist. Vom Grill nehmen, salzen und 5 Minuten ruhen lassen. Danach quer zur Faser in dünne Streifen schneiden.

★ Das aufgeschnittene Fleisch auf die heiße Eisenplatte (oder in die Pfanne) legen, das gegrillte Gemüse und die Weizentortillas dazu anrichten. Pico de Gallo, Guacamole und Crème fraîche dazu reichen. Die heiße Knoblauchbutter vor den Augen deiner begeisterten Gäste über das Fleisch gießen und sofort reinhauen

TEXAS CHILI

Im Gegensatz zu dem, was viele glauben, kann Chili auf vielerlei Weise zubereitet werden. Je nachdem, wer es macht und welche Zutaten man im Haus hat, gibt es zahlreiche Variationen. Gemeinsam ist allen, dass Chili einfach zu kochen ist, ohne Aufsicht gart, für viele hungrige Esser reicht und (im Wesentlichen) preiswerte Zutaten enthält. Es ist außerdem ein ungemein heimeliges Gefühl, vor einem dampfenden Teller mit lange gegartem Eintopf zu sitzen. Aus all diesen Gründen habe ich für dieses Buch vier verschiedene Chili-Rezepte ausgewählt, die auch noch eine gute Möglichkeit zur Resteverwertung darstellen. Aber fangen wir zunächst mit dem Original an, dem bärtigen Alten in seiner Blockhütte: Chili Queen Chili, auch bekannt unter dem Namen Texas Red oder Texas No Bean Chili.

Für 4–6 Portionen

50 g Rindertalg oder Olivenöl
1½ kg Rinderschulter
3 gelbe Zwiebeln
6 Knoblauchzehen
1 EL gemahlener Kreuzkümmel
1 EL Knoblauchpulver
1 EL Zwiebelpulver
1 EL getrockneter Oregano
1 EL Chilipulver
2 EL Chicken Powder (siehe S. 112)
1 l Wasser
6 getrocknete Guajillo-Chilis
4 getrocknete Ancho-Chilis
Salz und frisch gemahlener schwarzer Pfeffer

Zum Anrichten
eingelegte Jalapeños
Crème fraîche
1 Bund Koriander
1 Bund Frühlingszwiebeln
Cornbread (siehe S. 153), Weizentortillas (siehe S. 105) oder Tortillachips

★ Talg oder Öl in einem Schmortopf erhitzen, das Fleisch würfeln und im Topf anbraten. Zwiebeln und Knoblauch schälen, fein hacken und zugeben und ein paar Minuten mitbraten, dann die Gewürze einrühren. Wasser zugießen und aufkochen lassen. Abschäumen, wenn nötig, danach die Chilischoten ohne Stiel und Samen zufügen. Noch einmal aufkochen lassen, die Temperatur reduzieren, den Deckel halb auflegen und das Chili etwa 1 Stunde köcheln lassen.

★ Die Chilischoten herausnehmen und mit etwas Kochflüssigkeit im Mixer pürieren. Die Mischung zurück in den Eintopf geben. Chili noch 1 Stunde köcheln lassen, bis das Fleisch schön mürbe ist.

★ Mit Salz und Pfeffer abschmecken und nach Belieben mit den genannten Zutaten servieren. Dafür Jalapeñoringe, Crème fraîche, gehackten Koriander und gehackte Frühlingszwiebeln sowie Cornbread, selbst gemachte Weizentortillas oder Tortillachips bereitstellen.

SO ISST MAN CHILI
Ein weiterer Vorteil von Chili besteht darin, dass man es auf so viele verschiedene Weisen essen kann. Du kannst es mit frisch gebackenem Cornbread genießen, als Füllung in Tacoschalen, mit Tortillachips oder frischen Weizentortillas, die zu einer Art Löffel zusammengerollt werden. Wenn du Lust hast, kannst du auch Reis dazu servieren. Reste vom Chili lassen sich als Grundlage für alle möglichen anderen Gerichte verwenden. Auf Seite 119 findest du Chili mit Spaghetti, auf Seite 63 wird es als Topping zum Hotdog gegessen, und auf Seite 136 bildet es die Grundlage für einen Auflauf.

BIRRIA CHILI

Birria ist ein traditioneller Eintopf aus Mexiko, der in den 2010er-Jahren in Kalifornien unter dem Namen *Quesabirria* für Furore sorgte – Birria mit Käse. Die amerikanische Birria besteht aus Maistortillas, die mit Käse und lange gekochtem Fleisch gefüllt, dann knusprig gebraten und mit der Kochflüssigkeit gegessen werden. Das Ganze ist für den Alltag ein bisschen zu kompliziert. Deshalb ist ein einfacheres Chili mit praktisch demselben Geschmack doch eine gute Idee. Ich verwende hier Hackfleisch, so muss das Chili nicht ewig garen, sondern kommt ziemlich schnell auf den Tisch.

Für 4–6 Portionen

10 getrocknete Guajillo-Chilis
800 ml Wasser
2 EL Olivenöl
1 kg Lammhackfleisch
1 EL gemahlener Kreuzkümmel
½ TL Zimt
1 EL Zwiebelpulver
1 EL Knoblauchpulver
1 EL Paprikapulver
1 EL getrockneter Oregano
1 TL Salz
3 EL Chicken Powder (siehe rechte Spalte)
1 gelbe Zwiebel, fein gehackt
5 Knoblauchzehen, gehackt
3 Karotten, gewürfelt
1 Dose Tomaten
1 EL Essigessenz, 12 % Säuregehalt
1 EL helle Sojasoße
5 Lorbeerblätter
1 EL Speisestärke plus 1 EL kaltes Wasser

Zum Anrichten
Cheddar, gerieben
1 Bund Koriander, gehackt
1 Bund Frühlingszwiebeln
Weizentortillas (siehe S. 105)

★ Die Guajillo-Chilis in einer Schüssel mit Wasser 30 Minuten einweichen lassen. Wenn du keine Guajillos bekommst, geht es auch mit anderen getrockneten Chilischoten, aber die Guajillos geben dem Eintopf seine schöne knallrote Farbe. In gut sortierten Lebensmittelläden kann man sie bekommen. Von den eingeweichten Chilischoten Stiele und Kerne entfernen. Schoten mit 100 ml Wasser im Mixer zu einer glatten Soße verarbeiten.

★ Das Öl in einer Pfanne erhitzen und das Hackfleisch darin knusprig braten. Die Gewürze, Zwiebel, Knoblauch und Karotten zugeben und ein paar Minuten mitbraten. Die Tomaten in eine Schüssel schütten und mit der Hand zerdrücken, dabei feste Bestandteile entfernen. Tomaten, das restliche Wasser, die Chilisauce, Essigessenz, Sojasoße und Lorbeerblätter zugeben.

★ Chili aufkochen lassen, dann die Temperatur reduzieren und Eintopf 45 Minuten köcheln lassen. Die Speisestärke in einer Tasse mit dem kalten Wasser verrühren. In das Chili einrühren. Chili wieder aufkochen lassen und auf diese Weise etwas andicken. In Schüsseln mit geriebenem Käse, Koriander und Frühlingszwiebeln garniert servieren. Hausgemachte Weizentortillas sind dazu fast ein Muss.

CHICKEN POWDER
Chicken Powder ist eine Art Brühepulver, das sowohl in der asiatischen als auch in der mittelamerikanischen Küche ungemein beliebt ist. Es verleiht jedem Gericht einen Umamigeschmack und passt ganz wunderbar zu Speisen, die Chili enthalten. Man bekommt Chicken Powder im Internet und in Asialäden, meistens in einer gelbgrünen Verpackung mit einem gezeichneten Huhn darauf. Am besten suchst du mal im Internet danach. Du kannst es natürlich durch Hühnerbrühepulver oder konzentrierten Geflügelfond ersetzen, aber das Ergebnis ist einfach nicht dasselbe.

GREEN CHILI

Rotes Chili hast du ganz sicher schon in der ein oder anderen Art gegessen, aber kennst du auch die grüne Variante? Grünes Chili ist die Tejano-Version des mexikanischen Chili verde, das im Prinzip nichts anderes ist als lange gekochtes Schweinefleisch in einer Salsa verde. Und die Salsa verde ist nichts anderes als eine grüne Salsa auf der Basis von Tomatillos. Nun weiß ich natürlich, dass es schwierig ist, Tomatillos zu bekommen, wenn man sie nicht gerade selbst anbaut. Aber Tomatillos aus der Dose funktionieren in diesem Fall wunderbar, und die kann man in der Texmex-Abteilung gut sortierter Supermärkte oder im Internet finden. Wenn du fertige Salsa verde erwischst, kannst du das Schweinefleisch auch einfach darin kochen.

Für 4–6 Portionen

1 gelbe Zwiebel, halbiert
6 Knoblauchzehen
4 frische Jalapeños
2 Spitzpaprika, halbiert
800 g frische Tomatillos oder Tomatillos aus der Dose
ca. 50 g Blattspinat
1 TL gemahlener Kreuzkümmel
2 EL Chicken Powder (siehe S. 112)
1 TL getrockneter Oregano
1 TL schwarzer Pfeffer plus mehr zum Abschmecken
Salz, Öl zum Braten
1 kg Schweinenacken, in Würfel geschnitten
1 Bund Koriander, gehackt

Zum Anrichten
Crème fraîche
1 Bund Koriander
1 Bund Frühlingszwiebeln
frittierte Schweineschwarte
1 Avocado
Cornbread (S. 153), Weizentortillas (siehe S. 105) oder Tortillachips

★ Den Backofen auf 200 °C vorheizen (Ober-/Unterhitze, keine Umluft).
★ Zwiebel und Knoblauch schälen und grob zerkleinern. Jalapeños und Paprika putzen und die Kerne entfernen. Alles in eine Auflaufform legen und auf der oberen Schiene im Backofen rösten, bis das Gemüse weich wird und ordentlich Farbe bekommt. Das geht auch auf dem Grill, über einer Gasflamme oder in einer heißen Pfanne. Wenn du frische Tomatillos verwendest, diese ebenfalls anrösten. Geröstetes Gemüse, Tomatillos, Spinat und Gewürze in einer Schüssel zu einer Salsa verde mischen und mit Salz abschmecken.
★ Öl in einem Schmortopf erhitzen und das Fleisch darin anbraten, bis es eine schöne Farbe bekommt. Es muss aber nicht durchgebraten sein. Die Salsa verde zugeben, aufkochen lassen, dann die Temperatur reduzieren und den Deckel halb auflegen. 1 Stunde köcheln lassen. Wenn das Fleisch weich ist, den Koriander einrühren. Mit Salz und Pfeffer abschmecken.
★ Nach Belieben mit Crème fraîche, gehacktem Koriander und gehackten Frühlingszwiebeln, frittierter Schweineschwarte, Avocadoscheiben sowie Cornbread, Weizentortillas oder Tortillachips servieren.

SPOTIFY-PLAYLIST 7
Americana: Hippie cowboys

CHARRO BEANS

Hast du dich auch schon mal gefragt, was das eigentlich für Bohnen sind, die die Cowboys in den Westernfilmen immer mampfen, wenn sie am Lagerfeuer sitzen? Mit größter Wahrscheinlichkeit sind es Charro Beans, auch bekannt als Frijoles Charros oder Cowboybohnen. Ursprünglich handelt es sich um ein mexikanisches Bohnengericht, das sehr gut in einem Chuck Wagon, also in einem Küchen-Planwagen, zubereitet werden kann. Heute sind diese Bohnen ein richtiger Texmex-Klassiker, der meines Erachtens in die Familie der Chilis gehört. In ein klassisches texanisches Chili kommen allerdings auf keinen Fall Bohnen, während dieses Gericht zu mindestens 85 Prozent aus den cremigen Hülsenfrüchten besteht. Der Rest ist Chili und jede Menge knusprig gebratener Speck.

Für 4–6 Portionen

400 g getrocknete Pinto- oder Borlotti-Bohnen
2 gelbe Zwiebeln, 1 halbiert, 1 gehackt
8 Knoblauchzehen, 6 davon gehackt
1 Lorbeerblatt
2 EL Olivenöl
ca. 300 g Räucherspeck, gewürfelt
ca. 300 g rohe Chorizo, gehäutet
2 Tomaten, fein gehackt
2–3 Jalapeños, fein gehackt
1 TL getrockneter Oregano
1 EL Chicken Powder (siehe S. 112)
Salz und frisch gemahlener schwarzer Pfeffer

Zum Anrichten
Crème fraîche
Koriander, gehackt
Frühlingszwiebeln, gehackt
Cornbread (siehe S. 153)
Weizentortillas (siehe S. 105) oder Tortillachips

★ Die trockenen Bohnen in ein Sieb füllen und unter fließendem Wasser abspülen. In einen Topf geben und mindestens 3 cm hoch mit Wasser bedecken, gerne auch mehr. Am besten über Nacht bei Raumtemperatur einweichen lassen. Das Wasser danach weggießen.

★ Die eingeweichten Bohnen mit der halbierten Zwiebel, 2 ganzen Knoblauchzehen und dem Lorbeerblatt in einen Topf geben und mit Wasser bedecken. Aufkochen lassen, dann die Temperatur reduzieren und Bohnen 1–2 Stunden köcheln lassen. Die Bohnen sollen weich sein, aber nicht auseinanderfallen. Von der Kochflüssigkeit 500 ml auffangen, den Rest weggießen. Zwiebel, Knoblauch und Lorbeerblatt wegwerfen. Die Bohnen beiseitestellen, während die Fleischeinlage vorbereitet wird.

★ Öl in einem großen Topf erhitzen und Speck und Chorizo darin knusprig braten. Gehackte Zwiebel und Knoblauchzehen zugeben und kurz mitbraten. Dann Tomaten, Jalapeños, Oregano und Chicken Powder zufügen und 5 Minuten rösten.

★ Die Bohnen und das aufgefangene Kochwasser in den Topf geben und 15 Minuten köcheln lassen. Eventuell noch etwas Wasser zugießen. Mit Salz und Pfeffer abschmecken und nach Belieben mit den in der linken Spalte genannten Zutaten servieren.

CHILI MAC

Da eine kleine Menge Chili genauso viel Arbeit macht wie eine große, empfehle ich immer, gleich die doppelte Menge zuzubereiten. Es gibt ja so viele schöne Verwendungen für die Reste! Du kannst Chili als Spaghettisoße oder als Zugabe zu einem Chili Dog genießen – und dann Chili Mac! Klingt vielleicht etwas seltsam, schmeckt aber gut und ist seit langer Zeit in Texas sehr beliebt. Im Mittleren Westen der USA wird es Cincinnati Chili genannt und es ist eine kulinarische Promenadenmischung vom Feinsten. Das Gericht wurde in den 1920er-Jahren von zwei griechischen Einwanderern erfunden. Vermutlich hatten sie, nachdem sie Ellis Island in New York durchlaufen hatten, den Vergnügungspark Coney Island besucht, wo dann ein Chili Dog nachhaltigen Eindruck gemacht hat. Denn als sie sich schließlich in ihrer neuen Heimat niederließen, fingen sie an, »Coneys« zu verkaufen, bei denen sie das Chili durch eine Fleischsoße mit mediterranen Gewürzen ersetzten. Irgendwann servierten sie dieses griechische Chili dann zu italienischen Spaghetti, aber mit den amerikanischen Zutaten eines Chili Dog: Zwiebeln und geriebenem Cheddar (und später auch noch Crackern und Kidneybohnen). Diese wilde Variante habe ich einen Schritt weiter getrieben und Senf dazugegeben. Aber das ist natürlich kein Muss.

Für 4 Portionen

400 g Spaghetti
4 Portionen Chili nach Wahl (siehe Seiten 111–116)
1 gelbe Zwiebel, fein gehackt
150 g Cheddar, gerieben
amerikanischer Senf (optional)

★ Die Spaghetti in einem Topf mit Wasser nach Packungsangabe al dente kochen. Das Chili in einem Topf aufwärmen. Die Spaghetti durch ein Sieb abgießen, auf Tellern anrichten und das Chili darübergeben. Mit Zwiebel, sehr viel Cheddar und – wenn du so wie ich Chili Dogs liebst – amerikanischem Senf servieren.

ENCHILADAS

Ein klassisches Texmex-Essen sind die Combo-Teller, wie man sie in Diners, Kneipen und Texmex-Buden bekommt: Ein Teller mit Reis, Bohnen und ein paar nach Käse schmeckenden, knusprigen Enchiladas, dazu rote oder grüne Salsa, die sich mit dem Käse und den Bohnen vermischt und dann zusammen mit dem Reis gelöffelt wird. Alle Bestandteile für sich genommen schmecken schon gut, aber so verbinden sie sich zu einer Einheit, die man einfach lieben muss.

CHEESE ENCHILADAS

Frage: Was macht diese Cheese Enchiladas eigentlich zu etwas typisch Amerikanischem? Antwort: Natürlich der Käse, aber auch die mittelscharfe Chilisauce, eine Mischung aus mexikanischer Salsa und amerikanischer Red Sauce. Als Käse wird normalerweise American Cheese gewählt, den man in Europa aber schwer bekommt. Nimm einfach den Käse, den du am liebsten magst. Das kann alles sein, von der fertig geriebenen Mozzarella-Cheddar-Mischung bis hin zum höhlengereiften Bergkäse.

Für 4–5 Portionen

10 Maistortillas
450 g Käse, gerieben
1 gelbe Zwiebel, gehackt
Fett für die Form

Chilisauce
6 getrocknete Guajillo-Chilis, Samen und Stiel entfernt
2 getrocknete Ancho-Chilis, Samen und Stiel entfernt
500 ml Wasser
1 EL Chicken Powder (siehe S. 112)
50 ml Olivenöl
30 g Mehl
1 TL gemahlener Kreuzkümmel
1 TL Knoblauchpulver
1 TL Cayennepfeffer
Salz und frisch gemahlener schwarzer Pfeffer

Zum Anrichten
Roter Reis (siehe S. 122)
Refried Beans (siehe S. 40)
Eisbergsalat, in Streifen geschnitten
eingelegte Jalapeños, in Ringe geschnitten (optional)
Crème fraîche (optional)

★ Die Chilischoten mit Wasser und Chicken Powder in einen Topf geben und in ca. 15 Minuten weich kochen. Mit dem Stabmixer zu einer glatten Chilibrühe mixen.

★ Den Backofen auf 200 °C vorheizen (Ober-/Unterhitze).

★ Das Olivenöl in einem Topf erhitzen, das Mehl einrühren und 30–60 Sekunden rösten, bis es hellbraun ist. Kreuzkümmel, Knoblauchpulver und Cayennepfeffer zugeben und mit der Chilibrühe ablöschen. Unter Rühren mit dem Schneebesen aufkochen lassen, dann 3–5 Minuten köcheln lassen, bis die Soße andickt. Die Temperatur reduzieren und die Soße weitere 15 Minuten köcheln lassen. Mit Salz und Pfeffer abschmecken. Wenn sie zu dick wird, einfach noch etwas Wasser zugeben.

★ Die Maistortillas in die Soße tauchen und mit ca. 400 g Käse und Zwiebel füllen. Damit sie nicht auseinanderfallen, vorher evtl. in einer Pfanne mit etwas Öl anbraten. Die Tortillas aufrollen, in eine gefettete Auflaufform legen und mit Soße und restlichem Käse bedecken.

★ Im Backofen auf mittlerer Schiene 20–25 Minuten backen, bis der Käse Blasen wirft.

ENCHILADAS VERDES

Etwas mexikanischer sind diese Enchiladas, die oft mit Hähnchenfleischresten gefüllt und mit klassischer Salsa verde bedeckt werden, wie man sie auch zum Dippen mit Chips oder zu Tacos kennt. Den amerikanischen Touch bringen der geriebene trockene Mozzarella und ein Schuss Sahne. Wenn man rote und grüne Enchiladas zusammen auf den Tisch bringt, nennt man das Christmas style, das ist besonders cool.

Für 4–5 Portionen

10 Maistortillas
Öl zum Braten
½ gegrilltes Hähnchen, das Fleisch ausgelöst und in Streifen geschnitten
300 g trockener Mozzarella, gerieben (siehe Tipp S. 79)

Salsa verde
½ gelbe Zwiebel
3 Knoblauchzehen
2 frische Jalapeños, Stiel und Samen entfernt
1 grüne Spitzpaprikaschote, halbiert, Stiel und Samen entfernt
200 g frische Tomatillos, Tomatillos aus der Dose oder Physalis
ca. 25 g Blattspinat
1 Bund Koriander
½ TL gemahlener Kreuzkümmel
2 EL Chicken Powder (siehe S. 112)
1 TL getrockneter Oregano
1 TL frisch gemahlener schwarzer Pfeffer
300 g Sahne
Salz

Zum Anrichten
Roter Reis (siehe nächste Spalte)
Refried Beans (siehe S. 40)
Eisbergsalat, in Streifen geschnitten
gelbe Zwiebel, gehackt
Crème fraîche (optional)

★ Ofen auf 200 °C vorheizen (Ober-/Unterhitze).
★ Für die Salsa Zwiebel, Knoblauch, Jalapeños und Paprikaschote in eine Auflaufform legen und auf der mittleren Schiene im Backofen rösten, bis sie Farbe annehmen. Das geht auch auf dem Grill oder in der Pfanne. Frische Tomatillos bzw. Physalis ebenfalls rösten.
★ Das geröstete Gemüse und die Tomatillos klein schneiden und mit Spinat, Koriander und Gewürzen in einer Schüssel mischen. Sahne zugeben und mit Salz abschmecken. Die Maistortillas in einer Pfanne mit etwas Öl anbraten, damit sie weich werden und nicht auseinanderfallen. Die Tortillas in die Salsa verde tauchen und mit Hähnchenfleisch und Käse füllen (noch etwas Käse zum Bestreuen übrig lassen). Aufrollen in eine gefettete Auflaufform legen, mit Salsa verde und Käse bedecken.
★ Auf mittlerer Schiene im Backofen 20–25 Minuten backen, bis der Käse Blasen wirft.
★ Mit Reis, Bohnen, Eisbergsalat, Zwiebel und evtl. Crème fraîche servieren.

ROTER REIS

Bohnen und Reis – jede Küche, in der Reis eine große Rolle spielt, hat ganz unterschiedliche Verwendungsarten. Aber es ist doch sehr fraglich, ob es irgendwo etwas Besseres gibt als mexikanischen Roten Reis mit Refried Beans. Das ist ein Muss auf jedem klassischen Combo-Teller, aber mit gebratenen Eiern auch ein gutes Hauptgericht. Das Rezept für die Bohnen findest du auf Seite 40.

Für 4–5 Portionen

50 g Butter
3 EL Olivenöl
1 Jalapeño, fein gehackt
1 gelbe Zwiebel, fein gehackt
3 Knoblauchzehen, fein gehackt
50 g Tomatenmark
200 g Basmatireis
500 ml Wasser
Salz

★ Butter und Öl in einem Topf bei mittlerer Hitze schmelzen. Jalapeño, Zwiebel und Knoblauch darin braten, bis sie weich sind und etwas Farbe angenommen haben. Tomatenmark und Reis zugeben und 1 Minute unter Rühren weiterbraten. Mit dem Wasser ablöschen.

★ Aufkochen lassen, dann die Temperatur reduzieren und Reis 20 Minuten ohne Deckel köcheln lassen. Den Herd ausschalten, einen Deckel auflegen und Reis weitere 5 Minuten dämpfen. Dann mit Salz abschmecken, mit einer Gabel auflockern und servieren.

STELL DIR DIE FOLGENDE FILMSZENE VOR: Es ist der Tag nach einer Beerdigung. Unser heimkehrender Held erwacht in einem zu kurzen Bett in seinem Kinderzimmer, geht in die Küche und stellt fest, dass jeder Quadratzentimeter Fläche mit Auflaufformen bedeckt ist, die die Nachbarinnen am Vorabend gebracht haben. Er nimmt eine Gabel, hebt eine Ecke der Alufolie vom erstbesten Gratin, setzt sich auf die Küchenbank und denkt an seine Schülerliebe, die gestern auf der Beerdigung aufgetaucht ist.

Brennt die alte Flamme immer noch, fragt er sich, während er einen Bissen kalten Auflauf in den Mund steckt.

Schon mal gesehen, oder? 100-mal. Dass die Nachbarinnen Aufläufe in ein Trauerhaus bringen, ist ein häufiges Filmklischee, ebenso wie ein Filmcharakter, der plötzlich zu husten anfängt und etwa drei Einstellungen später stirbt. Das Essen steht für Kleinstadt, Fürsorglichkeit und nicht selten für eine melancholische, leicht schuldbeladene Heimkehr (oder auch für eine sexy Nachbarin, die Lust auf eine schnelle Nummer hat).

Kurzum: Aufläufe sind wieder aufwärmbare Liebe. Zuwendung abgedeckt mit Alufolie. Der Grund ist natürlich, dass es kein Gericht gibt, das stärker mit der ehrwürdigen amerikanischen Volksseele verknüpft ist als Aufläufe.

Auf der Suche nach dem Ursprung aller amerikanischen Aufläufe landest du wahrscheinlich irgendwo im Mittleren Westen. Genau dorthin brachten französische Einwanderer ihre Kartoffelgratins mit, deutsche Einwanderer ihre Nudelaufläufe, britische Einwanderer ihren Shepherd's Pie und Karl Oskar und Kristina ihre Makkaronischüsseln und natürlich Janssons Versuchung. Mit der Zeit wandelten sich diese europäischen Aufläufe und beeinflussten sich gegenseitig, sodass ganz neue Gerichte entstanden, die oft praktische amerikanische Fertigprodukte wie die krokettenähnlichen Tater Tots oder Campbell's Champignoncremesuppe enthielten.

Heute sind diese *hot dishes*, wie sie auch genannt werden, ein so wichtiger Teil der Hausmannskost im Mittleren Westen, dass viele Lokalpolitiker im Wahlkampf Hauspartys mit *hot dishes* veranstalten, um ihre Volkstümlichkeit unter Beweis zu stellen.

Der berühmteste Auflauf der Welt kommt allerdings aus dem Süden. Mac 'n' Cheese gilt heute vielen als moderne Resteverwertung, aber das Rezept wurde bereits im 19. Jahrhundert erfunden, und zwar von einem schwarzen Sklaven namens James Hemings, der als Koch arbeitete und von Präsident Thomas Jefferson nach Frankreich geschickt wurde, um seine Küchenkenntnisse zu verfeinern. Dort lernte er sowohl Nudeln als auch die mit Käse zubereitete Sauce Mornay kennen. Wieder zu Hause verband er beides zu einem neuen Gericht. Außerdem führte er nach dieser Reise einige der heute beliebtesten Gerichte in den USA ein, vom Speiseeis bis hin zu Pommes frites.

Kurz zusammengefasst kann man sagen, dass Aufläufe einfaches, billiges und wohlschmeckendes Essen sind. Man kriegt viele hungrige Mäuler damit satt und sie sind ehrliche Hausmannskost. Sie sind weder besonders gesund noch unbedingt saisonal, frei von hochnäsigem Food-Elitarismus und jedwedem Moralismus. Wenn in deinem Backofen ein Auflauf vor sich hin blubbert, denkst du weder an die schlanke Linie noch an Likes auf Instagram. Und niemand, nicht einmal ich, tadelt dich dafür, dass du Fertigprodukte dafür verwendest.

MAC 'N' CHEESE

Mac 'n' Cheese ist ein amerikanischer Klassiker und vielleicht der bekannteste Auflauf überhaupt. Er ist fein genug, um bei einem Abendessen mit Freunden serviert zu werden, aber auch so einfach, dass Kinder ihn als Alltagsessen lieben. Das Geheimnis besteht genau wie bei dem berühmten Kartoffelpüree des französischen Sternekochs Joël Robuchon im richtigen Mengenverhältnis. Robuchon nimmt gleich viel Butter und Kartoffeln und ich verwende für meinen Mac 'n' Cheese (der natürlich längst nicht so berühmt ist) gleich viel Käse und Nudeln (vor dem Kochen gewogen). Die Käsebasis besteht aus einer Béchamelsoße, in die ich eine 50:50-Mischung aus geriebenem Cheddar (für die cremige Konsistenz) und einem guten Bergkäse (für den Geschmack) einrühre.

Für 6–8 Portionen

30 g zerstoßene Cracker
50 g Parmesan, gerieben
500 g Röhrchennudeln (Tortiglioni, Rigatoni etc.)
50 g Butter plus mehr für die Form
1 gelbe Zwiebel, fein gehackt
4 Knoblauchzehen, gepresst
2 EL Mehl
400 ml Milch
300 g Sahne
250 g Cheddar oder trockener Mozzarella, gerieben (siehe Tipp S. 79)
250 g Bergkäse
1 TL Senfmehl
½ TL Cayennepfeffer
1½ TL Salz
frisch gemahlener weißer Pfeffer

★ Den Backofen auf 200 °C vorheizen (Ober-/Unterhitze, keine Umluft).

★ Die zerstoßenen Cracker in einer Schüssel mit dem Parmesan mischen und beiseitestellen. Die Nudeln in einem Topf mit Wasser ca. 3 Minuten kürzer kochen als auf der Packung angegeben.

★ Für die Béchamelsoße die Butter in einem Topf schmelzen. Zwiebel und Knoblauch zugeben und bei mittlerer Temperatur weich dünsten. Das Mehl einrühren und kurz anschwitzen. Milch und Sahne zugießen und unter kräftigem Rühren aufkochen lassen, dann die Temperatur reduzieren und die Soße ca. 5 Minuten köcheln lassen. Den Käse einrühren und in der heißen Flüssigkeit schmelzen. Senfmehl und Cayennepfeffer untermischen. Mit Salz und weißem Pfeffer abschmecken.

★ Die Soße in eine gefettete Auflaufform geben und mit den gekochten Nudeln mischen. Auf mittlerer Schiene im Backofen 10 Minuten gratinieren. Mit der vorbereiteten Cracker-Parmesan-Mischung bestreuen und weitere 10 Minuten überbacken. Vor dem Verzehr 10 Minuten abkühlen lassen. Als Beilage oder mit einem großen knackigen Salat als Hauptspeise servieren.

ENCHILADA MAC 'N' CHEESE

Da Mac 'n' Cheese weltweit so beliebt ist, sind natürlich im Laufe der Zeit viele mehr oder weniger leckere Varianten davon entstanden, von frittiertem Mac 'n' Cheese bis hin zu veganen und glutenfreien Versionen mit Hafersahne, Hefeflocken und Zoodles (Nudeln aus Zucchini). Die einzige Variante, die du wirklich kennen musst, ist aber diese hier, die sich an den Geschmack von Chicken Enchiladas anlehnt.

Für 6–8 Portionen

30 g zerstoßene Cracker
50 g Parmesan, gerieben
8 getrocknete Guajillo-Chilis, Samen und Stiele entfernt
400 ml Milch
300 g Sahne
500 g Röhrchennudeln (Tortiglioni, Rigatoni etc.)
50 g Butter plus mehr für die Form
1 gelbe Zwiebel, fein gehackt
4 Knoblauchzehen, gepresst
1 EL getrockneter Oregano
1 EL gemahlener Kreuzkümmel
2 EL Chicken Powder (siehe S. 112)
2 EL Mehl
250 g Cheddar oder trockener Mozzarella, gerieben (siehe Tipp S. 79)
200 g Mozzarella
1 EL Chilisauce
Salz und frisch gemahlener weißer Pfeffer
1 gegrilltes Hähnchen, Fleisch abgelöst und klein geschnitten

★ Den Backofen auf 200 °C vorheizen (Ober-/Unterhitze, keine Umluft).

★ Zerstoßene Cracker und Parmesan in einer Schüssel mischen und beiseitestellen. Die Chilischoten in eine Schüssel legen, mit kochendem Wasser übergießen und ca. 15 Minuten stehen lassen. Das Wasser abgießen und die Chilis mit Milch und Sahne im Mixer zu einer homogenen Soße verarbeiten. Die Nudeln in einem Topf mit Wasser ca. 3 Minuten kürzer kochen als auf der Packung angegeben.

★ Für die Béchamelsoße die Butter in einem Topf schmelzen, Zwiebel und Knoblauch zugeben und bei mittlerer Temperatur weich dünsten. Oregano, Kreuzkümmel, Chicken Powder und Mehl einrühren und kurz anschwitzen. Dann die Chili-Milch-Sahne-Mischung zugießen und unter ständigem Rühren aufkochen lassen. Die Temperatur reduzieren und die Soße ca. 5 Minuten köcheln lassen. Den Käse und die Chilisauce einrühren. Mit Salz und weißem Pfeffer abschmecken.

★ Die Béchamelsoße in eine gefettete Auflaufform gießen und mit den Nudeln und dem Hähnchenfleisch mischen. Auf mittlerer Schiene im Backofen 10 Minuten gratinieren.

★ Die Cracker-Parmesan-Mischung darüberstreuen und weitere 10 Minuten überbacken. Vor dem Verzehr 10 Minuten abkühlen lassen. Als Beilage oder mit einem großen, knackigen Salat als Hauptspeise servieren.

TACO CASSEROLE

Dieses Rezept verbindet den Geschmack einer (echt schwedischen) Taco-Mahlzeit mit der Bequemlichkeit eines Auflaufs und dem Wissen, dass du tatsächlich klassische amerikanische Texmex-Hausmannskost genießt. Es ist also mit anderen Worten das perfekte Essen für nostalgische Amerika-Nerds. Das Geheimnis dieser ebenso echten wie unauthentischen Taco Casserole liegt in der Mühe, die man sich gibt, um einen guten mexikanischen Reis zu kochen, und in der Qualität der RO-TEL-Tomaten, die man bei amerikanischen Online-Lebensmittelhändlern und in Spezialgeschäften bekommt. Aber es geht natürlich ebenso gut mit einem Glas Chunky Salsa aus der Texmex-Abteilung des Supermarkts.

Für 6 Portionen

500 g Hackfleisch
1 EL Olivenöl
1 EL gemahlener Kreuzkümmel
1 TL Knoblauchpulver
1 EL Zwiebelpulver
1 EL Paprikapulver nach Belieben
1 Glas RO-TEL-Tomaten oder Chunky Salsa
Salz
6 Portionen Roter Reis (siehe S. 122)
selbst gemachte Refried Beans (siehe S. 40) oder fertig gekaufte
Fett für die Form
1 Tüte Tortillachips
150 g Cheddar, gerieben

Topping
Eisbergsalat, in Streifen geschnitten
Crème fraîche
Pico de Gallo (siehe S. 41)
Chilisauce

★ Das Hackfleisch in einer Pfanne mit Öl kräftig anbraten und mit Kreuzkümmel, Knoblauch- und Zwiebelpulver sowie Paprikapulver würzen. Du kannst die Gewürze auch durch eine fertige Tacomischung ersetzen. Die RO-TEL-Tomaten zugeben und alles mit Salz abschmecken.

★ Reis und Bohnen nach Rezept zubereiten.

★ Den Backofen auf 200 °C vorheizen (Ober-/Unterhitze, keine Umluft).

★ Den Reis in eine gefettete Auflaufform füllen, die Bohnen und das Hackfleisch darübergeben. Mit Chips und Käse bestreuen.

★ Auflauf auf mittlerer Schiene im Backofen 20–25 Minuten backen, bis die Oberfläche braun ist und Blasen wirft.

★ Mit Eisbergsalat und Crème fraîche servieren. Pico de Gallo und Chilisauce dazu reichen.

FRITOQUE

Ein Gericht aus der Zeit der Weltwirtschaftskrise ist Fritoque, ein einfacher, günstiger Auflauf aus Bohnen und Maischips mit Käse und eingelegten Jalapeños. Jeder Haushalt in der Gegend rund um San Antonio in Texas hatte in den 1930er-Jahren sein eigenes Rezept dafür. Die Chips, die man dafür nahm, waren natürlich die lokale Spezialität namens Fritos, aber es geht eigentlich mit jeder Art von Maischips. Heute ist dieses Gericht fast vergessen und von dem Resteklassiker Frito Pie verdrängt, der in seiner einfachsten Form aus einer Tüte Fritos besteht, die mit Chilis, Käse, Crème fraîche und Guacamole serviert und im Gegensatz zur Fritoque normalerweise nicht im Ofen überbacken wird.

Für 4 Portionen

1 gelbe Zwiebel, gehackt
4 Knoblauchzehen, gepresst
1 frische Jalapeño, fein gehackt
3 EL Olivenöl
1 EL Tomatenmark
½ TL gemahlener Kreuzkümmel
1 Dose schwarze Bohnen oder Pintobohnen, abgespült
200 ml Wasser
Salz und frisch gemahlener schwarzer Pfeffer
1 Tüte Maischips
Fett für die Form
150 g Cheddar, gerieben
60 g eingelegte Jalapeños, in Ringe geschnitten

Zum Anrichten
Guacamole (siehe S. 41)
Crème fraîche

★ Den Backofen auf 200 °C vorheizen (Ober-/Unterhitze, keine Umluft).

★ Zwiebel, Knoblauch und Jalapeño in einem Topf mit Olivenöl weich dünsten. Tomatenmark und Kreuzkümmel zugeben und ein paar Sekunden mitbraten, dann Bohnen und Wasser zufügen. Bei mittlerer Temperatur ca. 10 Minuten kochen lassen. Mit Salz und Pfeffer abschmecken. Danach mit dem Stabmixer zu einem groben Püree mixen.

★ Die Maischips in eine gefettete Auflaufform legen. Das Bohnenpüree darüber verteilen und mit Käse und eingelegten Jalapeños bestreuen. Auflauf ca. 10 Minuten im Ofen backen, bis der Käse geschmolzen ist und eine goldbraune Farbe angenommen hat. Mit Guacamole und Crème fraîche servieren.

TIPP
Wenn du Reste von einem Chili (siehe S. 111–116) oder Refried Beans (siehe S. 40) hast, kannst du die Chips natürlich auch damit bedecken.

TAMALE PIE

Tamales sind ein traditionelles mexikanisches Gericht, das angeblich schon seit der Aztekenzeit existiert. Es besteht aus einem Teig aus nixtamalisiertem Mais, der mit Fleisch oder Gemüse gefüllt, in eine Maisschale gelegt und dann gedämpft oder gekocht wird, bis daraus wunderbare »Fleischbonbons« werden. Sie schmecken unglaublich lecker, sind aber ein bisschen kompliziert in der Herstellung. Deshalb entstand wohl zu Beginn des 20. Jahrhunderts diese amerikanisierte Auflaufvariante, bei der man versuchte, den guten Geschmack des Originals mit einer zeitsparenden Zubereitungsform zu kombinieren. Tamale Pie wurde ein großer Erfolg und war während der 1930er-Jahre einige Zeit das bei Wochenzeitschriften von amerikanischen Hausfrauen am meisten nachgefragte Rezept.

Für 6 Portionen

200 g TK-Maiskörner
200 ml Milch
200 ml Kefir
2 Eier
150 g Butter, geschmolzen, plus mehr für die Form
150 g feines Maismehl
150 g Weizenmehl
1 EL Zucker
1 TL Salz
2 TL Backpulver
½ TL Backnatron
1 Rezept Chili nach Wahl (siehe S. 111–116)

Zum Anrichten
Crème fraîche
Pico de Gallo (siehe S. 41) oder Mischung aus gehacktem Koriander und Frühlingszwiebeln
Chilisauce

★ Den Backofen auf 200 °C vorheizen (Ober-/Unterhitze, keine Umluft).
★ Die Maiskörner mit Milch und Kefir im Mixer zu einer glatten Masse verarbeiten. In eine Schüssel umfüllen, dann die Eier und die geschmolzene Butter mit dem Schneebesen einrühren.
★ Maismehl, Weizenmehl, Zucker, Salz, Backpulver und Backnatron in einer Schüssel vermischen. Wenn es noch etwas mexikanischer schmecken soll, das Maismehl durch Maseca ersetzen, ein nixtamalisiertes mexikanisches Maismehl, das man zum Backen von Tortillas verwendet.
★ Die feuchten Zutaten zu den trockenen gießen und vermischen, bis sie sich gerade so verbinden.
★ Das Chili in eine gefettete ofenfeste Pfanne oder Auflaufform geben und mit dem Teig bedecken. Auf mittlerer Schiene im Backofen ca. 45 Minuten backen, bis der Teig durchgebacken und die Oberfläche goldbraun ist. Mit Crème fraîche, Pico de Gallo und Chilisauce servieren.

WENN WIR SELBSTZUFRIEDENEN SCHWEDEN über den Süden der USA sprechen, tun wir das oft etwas von oben herab, als wären alle, die südlich der Mason-Dixon-Linie leben, rückständige Rassisten und Homophobe, die Camouflage-Kleidung tragen, Schwangerschaftsabbrüche generell verbieten wollen und mit roten MAGA-Mützen auf dem Kopf das Capitol zu stürmen versuchen. All das ist nicht ganz falsch. Aber eben auch nicht ganz richtig. Denn so sehr es stimmt, dass man mit dem Süden der USA einige besonders finstere Phasen der amerikanischen Geschichte, oder eigentlich der Weltgeschichte, verbindet, darf man nicht vergessen, dass dort auch Widerstand, Musik und gutes Essen ihre Heimat haben.

Montgomery, Alabama, liegt inmitten ehemaliger Sklavenhalterplantagen und gilt als Zentrum des US-amerikanischen Rassismus. Hier befand sich während des Bürgerkrieges das Weiße Haus der Konföderierten, aber es war eben auch der Zielort der Protestmärsche, die Martin Luther King Jr. in den 1960er-Jahren anführte. Und in dieser Stadt markierte zehn Jahre vor den Märschen die damals 42-jährige Näherin Rosa Parks mit ihrer Weigerung, ihren Sitzplatz im Bus für einen weißen Mann zu räumen, den Beginn der Bürgerrechtsbewegung.

Und wie fast alle Städte im Süden der USA hat auch Montgomery seine Legenden. Hier wurden Nat King Cole, Big Mama Thornton und Hank Williams geboren. In einem Bereich, in dem man in Schweden vielleicht drei Tankstellen und ein Sportgeschäft findet, liegt der Ursprung für große Teile deiner Plattensammlung.

Von Nashville nach Memphis fährt man gut drei Stunden, und auf dieser Fahrt kommt man am Ryman Auditorium vorbei, wo die Radiosendung *Grand Ole Opry* 1929 ihren Anfang nahm, und an den Geburtshäusern von Tina Turner, Carl Perkins, Patsy Cline und Sonny Boy Williamson. Dann passiert man die Ranch von Loretta Lynn und gelangt zu den Sun Studios, wo Elvis und Johnny Cash ihre ersten Platten aufgenommen haben. Und diese Studios liegen ihrerseits nur ein kleines Stück von der berühmten Beale Street entfernt, von den Stax Studios und letztlich von Graceland. Durchatmen!

Auf der anderen Seite der Grenze liegt Clarksdale, Mississippi, die wohl gleichzeitig ärmste und reichste Landwirtschaftsregion der Welt. Mit der Kreuzung zweier Schotterstraßen, an der Robert Johnson seine Seele an den Teufel verkauft haben soll. Und einen Steinwurf entfernt davon: der Nullpunkt. Der Beginn von allem. Dockery Farms.

Auf Dockery Farms hat Henry Sloan dem jungen Charley Patton das Gitarrespielen beigebracht. Und Charley unterrichtete dann Howlin' Wolf, Pops Staples und Willie Brown, die die Musik in der Region verbreiteten und von dort aus in die gesamte USA und in die Welt trugen. Hätte es Dockery Farms nicht gegeben, dann gäbe es keinen Blues, keinen Rock, keinen Pop, überhaupt keine coole Musik. Vermutlich würden wir immer noch Kammermusik hören oder LPs von Leuten, die pfeifend Vogelgesänge nachahmen können.

Wer den Süden der USA als Rückzugsgebiet verknöcherter Rednecks abtut, lässt sich also genauso von Vorurteilen leiten wie ein Teil der Menschen, die dort leben. Dabei lehrt uns speziell der Süden, dass aus Bösem auch manchmal etwas Gutes entstehen kann. Und dass gerade dort, wo die Menschen arm und die Lebensverhältnisse hart und ungerecht sind, Musik, gutes Essen und Rebellion eine besondere Bedeutung haben.

DRINKS & SNACKS

Sich ab und zu auf die Veranda – oder einen Balkon – zu setzen, mit einem kleinen Snack vor sich, einem melancholischen Blues als Hintergrundmusik und einem kühlen Drink in der Hand, und dabei ganz entspannt das Leben zu beobachten, das da an einem vorbeizieht ... Das ist ein wunderbares Gefühl – in Monroeville in Alabama ebenso wie an jedem anderen Ort der Welt. Hier kommen einige Vorschläge für diese speziellen Momente.

PICKLED DEVILED EGGS

Diese »Teufelseier« sind nicht nur eine gute Vorspeise, sondern auch ein perfekter Snack zu einem starken Drink wie dem Sazerac oder dem Vieux Carré.

Für 6–12 Portionen

6 Eier
150 ml Wasser
150 ml Rote-Bete-Saft
3 EL Mayonnaise
1 EL Sahne
1 TL Dijonsenf
ein paar Tropfen Tabasco
Salz
geräuchertes Paprikapulver
Schnittlauch, in Röllchen geschnitten

★ Die Eier in einem Topf mit Wasser hart kochen und abkühlen lassen. Schälen, in ein verschließbares Glas legen und Wasser und Rote-Bete-Saft darübergießen. Über Nacht im Kühlschrank ziehen lassen.

★ Am nächsten Tag die Eier halbieren, das Eigelb vorsichtig auslösen und mithilfe eines Löffels durch ein Sieb in eine Schüssel drücken. Das Eigelb mit Mayonnaise, Sahne, Senf und Tabasco mischen und mit Salz abschmecken. Die Füllung in einen Spritzbeutel geben und großzügig in die Eiweißhälften spritzen (die ja jetzt nicht mehr weiß, sondern rosa sind).

★ Mit Paprikapulver und Schnittlauch bestreut servieren.

MINT JULEP

Vor ein paar Jahren besuchte ich das Haus von William Faulkner in Oxford, Mississippi. Am besten gefiel mir bei dem Rundgang die Vitrine mit dem häufig benutzten Becher für Mint Julep. Das dazugehörige Rezept für den Lieblingsdrink des Schriftstellers lag gleich dabei: »Whiskey, 1 TL Zucker, Eis, Minze, in einem Metallbecher serviert«. Faulkner hat den Nobelpreis für Literatur bekommen, aber ein Kochbuchautor war er offenbar nicht. Hier also ein etwas exakteres Rezept.

Für 1 Drink

4–5 Blätter Minze plus 1 zum Granieren
2 Stücke Würfelzucker
6 cl Bourbon, am liebsten Woodford Reserve
zerstoßenes Eis

★ 4–5 Blätter Minze und die Zuckerstücke in einen Metallbecher geben. Die Zuckerstücke mit einem Schuss Bourbon anfeuchten und das Ganze kräftig zerdrücken, bis der Zucker sich auflöst. Den Becher mit zerstoßenem Eis füllen und den restlichen Bourbon dazugießen. Mit dem restlichen Minzblatt garnieren.

★ Langsam trinken, sodass das Eis allmählich schmilzt und du deinen Drink richtig genießen kannst. Am besten liest du einen Roman von Faulkner dazu, mein Favorit wäre *Licht im August*.

PIMIENTO CHEESE

Diese cremige Mischung ist so beliebt, dass sie auch den Namen Southern Caviar trägt. Sie passt gut zu Crackern oder kann den Käse auf einem Hotdog oder Burger ersetzen. Unglaublich lecker!

Für 6–8 Portionen

geröstete Paprika aus dem Glas
100 g reifer Cheddar, gerieben
100 g Frischkäse
2 EL Mayonnaise
½ TL Chiliflocken
½ TL geräuchertes Paprikapulver
Salz und frisch gemahlener schwarzer Pfeffer

★ Die Paprika hacken, mit den restlichen Zutaten in einer Schüssel zu einer cremigen Mischung verrühren und mit Salz und Pfeffer abschmecken. Bis zum Servieren im Kühlschrank aufbewahren. Gut verschlossen hält sie sich bis zu 1 Woche.

OYSTERS ROCKEFELLER

Die Austern Rockefeller wurden im Restaurant »Antoine's« in New Orleans erfunden. Sie stellen eine Art Südstaatenversion der französischen Escargots dar – gebackene Weinbergschnecken mit Kräutern und Knoblauch. Statt der Schnecken verwendete man die leichter erhältlichen Austern.

Für 4 Portionen

2 Knoblauchzehen
30 g frischer Blattspinat
2 Frühlingszwiebeln
100 g Butter, Raumtemperatur
½ TL Fenchelsamen, gemörsert
2 EL Pernod oder Absinth (optional)
1 TL Tabasco
8–12 nicht zu kleine Austern, geöffnet (siehe S. 87)
6 Cracker, zerdrückt
grobes Salz

Zum Servieren
geröstetes Brot

★ Den Backofen auf maximale Temperatur mit Grillfunktion vorheizen.

★ Knoblauch, Spinat und Frühlingszwiebeln im Mixer zerkleinern und in eine Schüssel umfüllen. Mit Butter, Fenchelsamen, evtl. Pernod und Tabasco vermischen. Auf jede Auster etwas Kräuterbutter geben und Crackerbrösel daraufstreuen.

★ Eine Auflaufform halb hoch mit grobem Salz füllen und die Austern hineinlegen. Auf mittlerer Schiene in den Backofen stellen und Austern backen, bis sie Farbe angenommen haben. Mit gutem geröstetem Brot zum Eintunken in die Buttersoße servieren und vielleicht einen klassischen New-Orleans-Cocktail dazu reichen.

FREEZER SAZERAC

Der Sazerac, wurde von einem kreolischen Apotheker namens Antoine Amédée Peychaud erfunden und ist ein Teil der Kulturgeschichte von New Orleans. Die Urversion trug den Namen Coquetier, weil sie in einer Art französischem Eierbecher serviert wurde.

Für ca. 11

600 ml Roggenwhiskey, am liebsten Sazerac
100 ml Zuckersirup (Wasser und Zucker zu gleichen Teilen mischen, einmal aufkochen und abkühlen lassen)
250 ml Wasser
50 ml Absinth, am liebsten Herbsaint
ca. 18 Tropfen Peychaud's Bitters

Zum Anrichten
Rocks-Gläser
Zitronenschale

★ Alle Zutaten in einer Literflasche vermischen und im Gefrierschrank aufbewahren, am besten über Nacht, damit der Drink richtig kalt wird. Auf diese Weise ist er unbegrenzt haltbar.

★ Unmittelbar vor dem Servieren den Drink in Rocks-Gläser gießen, die im Gefrierschrank 10 Minuten vorgekühlt wurden. Mit Zitronenschale garnieren und genießen.

FRIED CHICKEN

Vergesst alle anderen Rezepte, jetzt kommt der wichtigste Teil dieses Kapitels. Frittiertes Hähnchen ist so eng mit dem Süden der USA verbunden und wird allgemein so sehr geliebt, dass selbst der schöne bunte Gumbo-Eintopf zu einem Nebendarsteller verblasst. Fried Chicken kann man warm oder kalt genießen, einfach so, mit amerikanischen Biscuits, mit ein paar Beilagen, einem Teller Dirty Rice oder einer Schale Gumbo. Aber macht es nicht sehr viel Arbeit, wenn man es zu Hause zubereiten will? Nein, es ist leichter, als man denkt. Am besten schmeckt es, wenn das Fleisch vorfrittiert wird und dann einen Tag stehen darf. Kurz vor dem Servieren verpasst man ihm dann noch ein Bad in superheißem Öl.

Für 4–6 Portionen

1 ganzes Brathähnchen (ca. 1,3 kg), in 10 Stücke zerteilt
2 EL Paprikapulver nach Belieben
2 EL frisch gemahlener schwarzer Pfeffer
2 EL Knoblauchpulver
1 EL Chicken Powder (siehe S. 112)
250 ml Buttermilch oder Kefir
1 Ei
Salz
200 g Mehl
50 g Speisestärke
1 TL Backpulver
Frittieröl

★ Die Hähnchenteile in eine Schüssel legen. Paprikapulver, Pfeffer, Knoblauchpulver und Chicken Powder in einer Schüssel vermischen. In einer zweiten Schüssel Buttermilch, Ei und 1 EL Salz mit 2 EL von der Gewürzmischung verrühren. Diese Mischung über die Hähnchenteile gießen, sodass das Fleisch rundum gut damit überzogen ist. Fleisch mindestens 4 Stunden im Kühlschrank marinieren.

★ Mehl, Speisestärke, Backpulver mit dem Rest der Gewürzmischung verrühren. Das Frittieröl in einem Topf auf ca. 200 °C erhitzen. 3 EL Marinade in die Mehlmischung einrühren.

★ Die Hähnchenteile aus der Marinade heben, gut abtropfen lassen und in der Mehlmischung wenden.

★ Den Backofen auf 175 °C vorheizen (Ober-/Unterhitze, keine Umluft).

★ Das Fleisch vorfrittieren: ins Öl eintauchen und dabei festhalten, bis es etwas Farbe angenommen hat (so bleibt nichts am Boden der Fritteuse hängen). Dann loslassen und in 6 Minuten goldbraun frittieren. Wenden und weitere 4 Minuten frittieren. Dabei so wenig wie möglich bewegen, aber darauf achten, dass die Außenseite nicht zu dunkel wird. Auf diese Weise nach und nach alle Hähnchenteile braten.

★ Wenn alle Hähnchenteile fertig sind, salzen, auf ein Gitter legen und auf mittlerer Schiene in den Ofen schieben. Backen, bis die Brustteile ca. 65 °C, die Schenkel 74 °C Kerntemperatur haben. Es geht aber auch ohne Bratenthermometer, das Backen dauert 5–10 Minuten.

★ Die Hähnchenteile aus dem Ofen nehmen und entweder über Nacht im Kühlschrank aufbewahren oder zumindest eine Weile abkühlen lassen, bevor sie zum zweiten Mal frittiert werden. Bei diesem zweiten Frittieren werden sie dann richtig knusprig. Das Öl einmal durchsieben, um Verunreinigungen zu entfernen, dann in einem Topf auf ca. 205 °C erwärmen. Die Hähnchenteile nach und nach frittieren und dabei einmal wenden. Sie sind fertig, wenn sie goldbraun und superknusprig sind, also nach ca. 5 Minuten.

★ Sofort servieren und Beilagen von den nächsten Seiten dazu reichen.

MEAT & THREE

In vielen Restaurants des Südens kann man Meat & Three bestellen, ein Fleischgericht und drei Beilagen nach Wunsch. Abgesehen vom frittierten Hähnchen gehören Country Ham, Chicken-fried Steak, Meatloaf (Hackbraten) und Schweinekotelett zu den üblichen Fleischgerichten. Und außer den hier aufgezeichneten Beilagen wären auch noch Mac 'n' Cheese (siehe S. 128), Mais, Reis, Kartoffelpüree und grüne Bohnen zu nennen. Zu trinken gibt's natürlich ein großes Glas Sweet Tea (Eistee mit Zucker oder Süßstoff).

PINTO BEANS

Klassische Bohnen mit einem besonderen Kick durch das Einlegewasser. Sehr gut zu frittiertem Hähnchen, aber auch einfach mit Reis.

Für 4–6 Portionen

ca. 400 g getrocknete Pinto- oder Borlotti-Bohnen
2 gelbe Zwiebeln, 1 halbiert, 1 gehackt
5 Knoblauchzehen, 4 davon gehackt
2 Lorbeerblätter
150 g Rauchfleisch, gehackt
100 ml Dill Pickle Juice oder andere Flüssigkeit von eingelegten Gurken
Salz und frisch gemahlener schwarzer Pfeffer

★ Bohnen in ein Sieb füllen und unter fließendem Wasser abspülen. In einen Topf geben und mindestens 3 cm hoch mit Wasser bedecken. Am besten über Nacht einweichen lassen. Das Einweichwasser abgießen und Bohnen 3 cm hoch mit frischem Wasser bedecken. Die halbierte Zwiebel, die ganze Knoblauchzehe und die Lorbeerblätter zugeben. Wasser einmal aufkochen lassen und Bohnen dann bei niedriger Temperatur 1–2 Stunden köcheln lassen. Die Bohnen sollen weich sein, aber nicht auseinanderfallen. Durch ein Sieb abgießen, dabei 500 ml Kochwasser auffangen. Zwiebel, Knoblauch und Lorbeerblätter wegwerfen, die Bohnen beiseitestellen.

★ Das Rauchfleisch in einem großen Topf knusprig braten. Die gehackte Zwiebel und die gehackten Knoblauchzehen zugeben und anbraten. Bohnen, das aufgefangene Kochwasser sowie das Gurkenwasser zufügen. Alles 15 Minuten köcheln lassen. Wenn mehr Flüssigkeit gebraucht wird, einfach noch etwas Wasser angießen. Mit Salz und Pfeffer abschmecken.

COLLARD GREENS

Blattkohl wird im Süden der USA sehr häufig angebaut. Bei uns ist er seltener anzutreffen, man kann ihn aber gut durch Grünkohl, Palmkohl oder Pak Choi ersetzen. Die Zubereitung ist immer dieselbe.

Für 4–6 Portionen

ca. 600 g Blattkohl oder Grünkohl, Palmkohl, Pak Choi
1 l Hühnerbrühe oder 1 l Wasser mit
1 EL Chicken Powder
100 g Rauchfleisch, gehackt
3 EL Olivenöl
1 gelbe Zwiebel, gehackt
4 Knoblauchzehen, gehackt
1 TL Chiliflocken
50 ml Apfelessig
Salz und frisch gemahlener schwarzer Pfeffer

★ Den Kohl putzen und waschen. Harte Stiele entfernen und Blätter grob hacken. Die Hühnerbrühe in einem Topf aufkochen lassen, den

Kohl zugeben und offen 25–30 Minuten kochen, bis er weich und die Brühe fast verkocht ist. Kohl durch ein Sieb abgießen, dabei die Brühe auffangen.
★ Das Rauchfleisch in einer Pfanne mit Öl knusprig braten, dann herausnehmen und beiseitestellen. Überschüssiges Fett abgießen und die Zwiebel in derselben Pfanne anbraten. Knoblauch und Chiliflocken zugeben und kurz mitbraten. Die aufgefangene Brühe und den Essig angießen und kurz aufkochen. Kohl und Rauchfleisch untermischen und mit Salz und Pfeffer abschmecken.

CORNBREAD

Dieses süß-salzige Brot, das kräftig nach Mais schmeckt und an einen Rührkuchen erinnert, wurde während der Arbeit an diesem Buch zu einem Lieblingsessen meiner Familie. Wir essen es inzwischen zu fast allem, aber besonders gut schmeckt es natürlich zu frittiertem Hähnchen. In den USA kommt es in vielen Varianten vor, von der minimalistischen Version in den Südstaaten bis zu den süßeren und weicheren Versionen im Norden. Dieses Rezept liegt irgendwo in der Mitte und wurde an europäische Zutaten angepasst.

Für 6–8 Portionen

200 g Maiskörner (TK oder aus der Dose)
2 Eier
400 ml Milch
1 EL Zitronensaft
150 g Butter
150 g feines Maismehl
150 g Weizenmehl
2 EL Zucker
1 TL Salz
2 TL Backpulver
½ TL Backnatron

Zum Anrichten
Butter, Raumtemperatur
Honig

★ Den Backofen auf 220 °C vorheizen (Ober-/Unterhitze, keine Umluft).
★ Maiskörner, Eier, Milch und Zitronensaft im Mixer zu einer glatten Masse verarbeiten. Butter in einer gusseisernen Pfanne schmelzen und bräunen. Die braune Butter bis auf ca. 1 EL in den Teig geben. Der Rest bleibt zum Brotbacken in der Pfanne oder dient dazu, die Form einzufetten.
★ Maismehl, Weizenmehl, Zucker, Salz, Backpulver und Natron in einer Schüssel vermischen. Die feuchten Teigzutaten zu den trockenen geben und vermischen, bis sie sich gerade so verbinden. Den Teig in die gusseiserne Pfanne oder eine Auflaufform gießen und auf mittlerer Schiene im Backofen 20–25 Minuten backen.
★ Brot 10 Minuten stehen lassen, bevor es als Beilage serviert wird. Dazu gibt's Butter und Honig.

TIPP

Wenn du dein Cornbread schon früh am Tag vorbereiten, deine Gäste aber trotzdem begeistern willst, geht das so: 100 g Butter und 2 EL Honig in einem Topf schmelzen. Das gebackene Maisbrot in Portionsstücke schneiden und im vorgeheizten Ofen (200 °C) backen, bis es etwas Farbe annimmt und an den Rändern richtig braun wird. Aus dem Ofen holen, mit warmer Honigbutter übergießen und sofort servieren.

GUMBO

Der Name Gumbo stammt von dem westafrikanischen Wort für Okraschoten, *ngombo*. Sowohl diese Zutat als auch das ursprüngliche Gericht kamen mit dem Sklavenhandel des 18. Jahrhunderts in die Südstaaten der USA. Dort gaben die Franzosen ihre dunkle und aromatische Mehlschwitze Roux dazu und das Volk der Choctaw, das in der Region ansässig war, verwendete Sassafra-Blätter als Würzmittel – das Ergebnis wurde Filé Gumbo genannt. Heute hat jeder Koch sein eigenes Gumbo-Rezept. Die weiße Cajun-Version unterscheidet sich von der schwarzen kreolischen Variante, und dann kommen natürlich noch alle möglichen individuellen Geschmacksvorlieben und Familiengeheimnisse dazu. Oder um es mit den Worten der berühmten Köchin Leah Chase aus New-Orleans zu sagen: »So, wie es verschiedene Arten von Menschen braucht, um eine gute Welt zu erschaffen, so braucht es Unmengen von Zutaten für ein richtig gutes Gumbo.«

Für 6–8 Portionen

1 Brathähnchen (ca. 1,3 kg)
200 ml Öl
Salz und frisch gemahlener schwarzer Pfeffer
120 g Weizenmehl
3 Stangen Staudensellerie
1 grüne Paprikaschote
1 gelbe Zwiebel
1 frische Jalapeño
1 TL Cayennepfeffer
1 TL geräuchertes Paprikapulver
3 Knoblauchzehen
2 l Wasser oder Hühnerbrühe
1 EL Chicken Powder (siehe S. 112), entfällt, wenn Hühnerbrühe verwendet wird
400 g Andouille oder geräucherte Chorizo

Zum Anrichten
rote Zwiebel, fein gehackt
Chilisauce oder Tabasco
gekochter Jasminreis

★ Das Hähnchen zerteilen: Flügel abschneiden, Schenkel im Gelenk teilen, Bruststücke halbieren. Das Öl in einem gusseisernen Topf erhitzen und die Hähnchenteile darin braten, bis sie Farbe annehmen. Salzen und pfeffern und aus dem Topf nehmen.

★ Jetzt wird die Roux hergestellt. Das Mehl ins Öl einrühren, in dem das Hähnchen gebraten wurde. Bei mittlerer Temperatur das Mehl 30–90 Minuten braten, bis es dunkelbraun ist wie Schokolade.

★ Wenn es schöne Röstaromen entfaltet, Sellerie, Paprika, Zwiebel und Jalapeño im Mixer zerkleinern und hinzugeben. Gemüse unter ständigem Rühren braten, bis es weich ist. Cayennepfeffer, Paprikapulver und gepressten Knoblauch zugeben und weiterbraten. Insgesamt dauert das vielleicht 10 Minuten. Wasser zugießen und Chicken Powder einstreuen (wenn du gerade genug Hühnerbrühe im Haus hast, nimmst du natürlich die). Bei mittlerer Temperatur ca. 30 Minuten köcheln lassen, bis die Mischung ein bisschen andickt.

★ Wurst halbieren, klein schneiden und zusammen mit den Hähnchenteilen zugeben und 1 weitere Stunde köcheln lassen, bis sich das Fleisch von den Knochen löst. Die Knochen entfernen und wegwerfen, das Fleisch zurück in den Topf geben. Mit Salz und Pfeffer abschmecken. Das Gumbo sollte eher einem Eintopf als einer Suppe ähneln, aber nicht zu fest sein. Eventuell noch etwas Wasser oder Brühe zugeben.

★ Mit Zwiebel, Chilisauce und gekochtem Jasminreis servieren, der in die Mitte des Gumbo gelöffelt wird.

DIRTY RICE

Eins vorab: Lass dich nicht von der Geflügelleber abschrecken, die in diesem Rezept enthalten ist. Ich weiß, dass viele Menschen keine Innereien mögen, aber ich kann fast garantieren, dass selbst eingefleischten Leberhassern dieses Gericht schmecken wird. Wir haben auch so eine Person in der Familie und inzwischen ist Dirty Rice sogar ihr Lieblingsessen! Abgesehen davon, dass die Leber dem Reis einen wunderbaren Geschmack und die tolle Konsistenz verleiht, ist sie auch für den Namen verantwortlich – schmutziger Reis. Es handelt sich im Grunde genommen um eine Cajun-Version des chinesischen Fried Rice. Man kann und soll sogar Reste dafür verwenden, Reis vom Vortag ist also ideal. Dirty Rice passt als Beilage zu jedem Gericht in diesem Kapitel, schmeckt aber auch für sich genommen, dann zum Beispiel mit einem Spiegelei obendrauf.

Für 4–6 Portionen

100 g Schweinehackfleisch
100 g Hähnchenleber, fast zu Mus gehackt
2 EL Öl
Salz und frisch gemahlener schwarzer Pfeffer
½ TL Cayennepfeffer
1 EL getrockneter Oregano
1 gelbe Zwiebel, fein gehackt
2 Stangen Staudensellerie, fein gehackt
1 grüne Paprikaschote, fein gehackt
1 frische Jalapeño, fein gehackt
2 Knoblauchzehen, fein gehackt
ca. 1 kg gekochter Basmatireis vom Vortag
1 EL Chicken Powder (siehe S. 112)
4 rote Zwiebeln, fein gehackt
1 Bund glatte Petersilie, fein gehackt
etwas Selleriegrün, fein gehackt (optional)

★ Hackfleisch und Leber in einem Topf mit Öl knusprig braten. Je kräftiger du das Ganze anbrätst, desto besser wird das Essen – aber auch das hat natürlich seine Grenzen. Salzen, pfeffern, Cayennepfeffer und Oregano einrühren.

★ Zwiebel, Sellerie, Paprika und Jalapeño zugeben und braten, bis das Gemüse anfängt, weich zu werden. Knoblauch zufügen und kurz mitbraten.

★ Den kalten Reis zugeben. Es ist wichtig, dass er eine Nacht offen im Kühlschrank verbracht hat, frisch gekochter Reis ist zu feucht und klebrig. Den Reis mitbraten, dabei immer wieder zerdrücken, sodass er sich gut mit allem vermischt und etwas Farbe annimmt. Mit einem Spatel etwas auflockern. Wenn der Reis heiß, locker und mit Fleisch und Gemüse durchsetzt ist, Chicken Powder einrühren. Mit Salz und Pfeffer abschmecken und noch mal auflockern.

★ Unmittelbar vor dem Servieren rote Zwiebel, Petersilie und evtl. Selleriegrün unterheben. Noch einmal auflockern.

BISCUITS

Den Süden der USA zu bereisen und keine Biscuits zu essen, das ist so, wie wenn man den Louvre besucht und die Mona Lisa auslässt. Biscuits sind eine essbare Touristenattraktion und ein lebendiges Stück Kulturgeschichte, das bis heute von der Zeit erzählt, als die Menschen arm waren, das Leben hart war und das Brotbacken schnell und einfach gehen musste. Die buttrigen, weichen und knusprigen Brötchen erinnern ein bisschen an Scones, doch das ist so, als wollte man Kaviar mit Kalles Fischpastete aus der Tube vergleichen.

BISCUITS, GRUNDREZEPT

Biscuits backen ist Kunst und Handwerk zugleich. Deshalb gibt es auch jede Menge Hausfrauentricks, damit die Biscuits schön aufgehen und auf der Zunge zergehen. Es ist wichtig, dass man den Teig so wenig wie möglich bearbeitet. Er soll nur gerade so vermischt werden. Eiskalte Butter sorgt dafür, dass die Biscuits höher aufgehen und knuspriger werden, genau wie der Trick, das Glas beim Ausstechen nur herunterzudrücken und wieder hochzuziehen, nicht zu drehen.

Für 6–8 Biscuits

200 g kalte Butter
350 g Weizenmehl Type 405 plus mehr für die Arbeitsfläche
2 TL Backpulver, 1 TL Backnatron
1 EL Zucker, ½ TL Salz
250 ml Milch
1 EL Zitronensaft
Butter zum Bestreichen und für die Form

★ Den Backofen auf 220 °C vorheizen (Ober-/Unterhitze, keine Umluft).
★ Von jetzt an schnell und mit kalten Händen auf einer kalten Arbeitsfläche arbeiten. Die kühlschrankkalte Butter mit der Küchenreibe in eine Schüssel reiben und wieder in den Kühlschrank (noch besser in den Gefrierschrank) stellen. Die trockenen Zutaten in einer Schüssel vermischen und zu einem Kegel aufschichten. Die eiskalte Butter daraufgeben und alles mit den Fingern vermischen. Dabei nicht zu stark kneten: Alles soll sich gut vermischen, aber immer noch luftig sein. Erbsengroße Butterstückchen in der Mischung sind ideal.
★ Milch und Zitronensaft zugeben und mit einer Gabel umrühren, bis der Teig sich gerade so verbindet. Auf einer bemehlten Arbeitsfläche ausrollen. Mit Mehl bestreuen und mit den Händen zu einem Viereck formen. Die Ränder zur Mitte zusammenschlagen und wieder zum Viereck auseinanderdrücken. Vorgang dreimal wiederholen, damit eine blättrige Konsistenz entsteht. Wenn nötig, mit Mehl bestäuben. Den Teig zu einer ca. 2 cm dicken Platte formen. Mit einem Glas oder (noch besser) einem Ausstecher runde Biscuits ausstechen. Biscuits auf einen Teller legen und im Kühlschrank aufbewahren. Übrig gebliebenen Teig wieder zusammenschlagen und in Form drücken, sodass weitere Biscuits ausgestochen werden können (sie werden aber nie so gut wie die ersten, muss man zugeben).
★ Die Biscuits in eine flache, gefettete Backform legen, sodass sie sich gerade berühren. So gehen sie im Ofen schön auf. 20 Minuten im Ofen backen, dann mit zerlassener Butter bestreichen und weitere 5 Minuten backen, bis sie eine schöne Farbe bekommen. Als Beilage zu den Rezepten in diesem Buch servieren – oder einfach mit Butter, Marmelade und Käse zum Frühstück genießen.
★ Weitere Rezepte finden sich auf der nächsten Seite.

FRIED CHICKEN BISCUIT

Wenn du das nächste Mal Fried Chicken machst, denk daran, genug Reste übrig zu lassen, um am nächsten Tag zum Brunch Fried Chicken Biscuit servieren zu können.

Für 1 Portion

1 Stück Fried Chicken ohne Knochen
(siehe S. 149)
1 Biscuit (Grundrezept siehe S. 161)
Mayonnaise
3 Scheiben Dill Pickles (ungesüßte Essiggurken)
1 Scheibe Hamburgerkäse
optional: Chilisauce oder Tabasco

★ Vom Fried Chicken vor dem letzten Frittieren 1 Stück ohne Knochen abzwacken und im Kühlschrank aufbewahren. In der Zeit, in der das Biscuit gebacken wird, das Frittieröl in einem Topf erhitzen und das Hähnchenteil zum zweiten Mal frittieren.
★ Biscuit aufschneiden und mit Mayonnaise und optional mit Chilisauce bestreichen. Gurkenscheiben, Hähnchenfleisch und Käse auf die Unterseite legen, die Oberseite aufsetzen und Biscuit genießen.
★ Für ein Fried Chicken Sandwich einfach statt Biscuit ein gutes Hamburgerbrötchen nehmen und in etwas Butter rösten.

BREAKFAST BISCUIT

Jetzt kommt es: das beste Frühstück der Welt.

Für 1 Portion

1 Ei
2 Scheiben Bacon
Öl zum Braten
1 Biscuit (Grundrezept siehe S. 161)
1 Scheibe Hamburgerkäse
Butter
Chilisauce oder Tabasco

★ Ei und Bacon in einer Pfanne mit Öl nach Belieben braten.
★ Biscuit aufschneiden, mit Butter bestreichen und mit Bacon, Ei und Käse belegen.
★ Mit Kaffee und Chilisauce servieren.

HAM & PEPPER JELLY BISCUIT

Im Süden der USA isst man Pepper Jelly (eine Art Marmelade aus roter Paprika) gern mit Frischkäse und Crackern, das kann man gerne machen. Aber Pepper Jelly schmeckt auch gut zu Biscuits, vorzugsweise kombiniert mit einem guten Kochschinken. Das Ergebnis ist ein salzig-süßes Sandwich vom Feinsten.

Für 1 Portion

1 Biscuit (Grundrezept siehe S. 161)
Butter
1 Scheibe Kochschinken

Pepper Jelly
1 rote Spitzpaprikaschote, fein gehackt
10 rote Chilischoten, fein gehackt
250 g Gelierzucker 1 : 1
200 ml Apfelessig
200 ml Wasser
1 TL Salz

★ Die Zutaten für das Pepper Jelly in einem Topf vermischen und aufkochen lassen. Bei niedriger Temperatur ca. 5 Minuten köcheln lassen, bis die Chilis weich sind und ein schönes rotes Gelee entstanden ist. In sterilisierte Gläser abfüllen, die Gläser verschließen und abkühlen lassen. Hält sich im Kühlschrank fast unbegrenzt.
★ Biscuit aufschneiden und mit Butter bestreichen. Mit Kochschinken und Pepper Jelly belegen und genießen.

SPOTIFY-PLAYLIST 9
Americana: Crossroad blues

CRAWFISH BOIL

Lauwarmes Bier, halb aufgetaute chinesische Sumpfkrebse, ungelöste Familienkonflikte, komische Hüte und ein bisschen gewürzter Käse … nein, das schwedische Krebsgelage im Spätsommer ist mit einem Crawfish Boil in Louisiana wirklich nicht zu vergleichen. Am schönsten ist das Ganze natürlich, wenn man die Krebse draußen zubereitet, auf einer Plancha, auf dem Grill oder über offenem Feuer. Aber es geht auch im Haus auf dem langweiligen Herd. Serviert wird auf einem Tisch, der mit Küchenpapier bedeckt ist. Die Krebse werden einfach daraufgeschüttet, dazu gibt's Mais, Kartoffeln und Wurst in einem großen Haufen. Und dann lass deine Gäste saugen, schlürfen und futtern, sodass sie sich im Krebsehimmel wähnen. Dieses Rezept funktioniert übrigens auch mit frischen Krabben und anderen Schalentieren.

Für 10 Portionen

10 l Wasser
250 g Salz
200 ml Chilisauce oder Tabasco
4 Zitronen, halbiert
3 Stangen Staudensellerie, grob gehackt
1 gelbe Zwiebel, grob gehackt
10 frische Maiskolben, in große Stücke geschnitten
10 Kartoffeln, am liebsten mit roter Schale, in große Stücke geschnitten
5 kg gekochte oder lebende Flusskrebse
5 rohe Andouilles oder Chorizo

Flusskrebsgewürz
80 g Chilipulver
10 Lorbeerblätter
40 g gelbe Senfkörner
40 g Koriandersamen
2 EL Selleriesamen
2 EL getrockneter Majoran
1 EL Zucker
½ EL Pfefferkörner, gemörsert

★ Wenn du die Krebse selbst gefischt oder von der Cousine eines Kumpels eines Freundes lebende bekommen hast, müssen sie erst mal eine Nacht gewässert werden. Im Übrigen ist es sicher gut, sich ein paar Grundkenntnisse zum Umgang mit lebenden Flusskrebsen anzulesen, okay? Wie auch immer: Unmittelbar vor dem Kochen die Krebse unter fließendem Wasser gründlich abspülen. Aufpassen, dass sie dich nicht kneifen! Bei gekauften, vorgekochten Flusskrebsen musst du nicht viel mehr tun, als sie zu kochen, und zwar in dem Sud, den ich dir hier beschreibe.

★ Für das Flusskrebsgewürz alle Zutaten in einer Schüssel mischen.

★ Für den Sud Wasser mit Salz, Chilisauce, Zitrone, Sellerie und Zwiebel in einen Topf geben und aufkochen lassen. Das Gewürz einrühren. Mais und Kartoffeln ins Wasser geben und etwa 10 Minuten garen. Dann die Flusskrebse und Würste zufügen. Wenn du lebende Krebse nimmst, gib sie nach und nach hinein, damit sie von dem kochenden Wasser sofort getötet werden (wenn die Wassertemperatur zu sehr sinkt, wird es eine schlimme Tierquälerei). Vorgekochte Flusskrebse einfach in dem Sud ziehen lassen. Lebende Krebse müssen 8 Minuten kochen, dann den Topf vom Herd nehmen und Krebse 10 Minuten ziehen und danach etwas abkühlen lassen. Vorgekochte Krebse müssen nur einmal aufkochen, dann den Topf vom Herd nehmen und ziehen lassen. Das Kochwasser abgießen. In Louisiana werden Flusskrebse lauwarm gegessen, also sofort mit Mais, Kartoffeln und Würsten servieren und Chilisauce, aufgeschnittene Zitrone und geschmolzene Butter dazu reichen.

BREAD PUDDING

Was kommt heraus, wenn man die Sparsamkeit der Südstaatler mit ihrer Freude am Feiern kombiniert? Antwort: Dieser nach Bourbon duftende Brotpudding, der so schmeckt, wie »Don't you just know it« von Huey »Piano« Smith klingt. Man kann einfach nicht schlapp und down sein, wenn man Brotpudding isst oder Piano-Boogie-Woogie aus New Orleans hört. Was den Brotpudding angeht, so kann man jeden beliebigen Rest Weißbrot dazu verwenden, von alten Zimtschnecken bis hin zu Kastenweißbrot – alles, was nicht irgendwie komisch gewürzt ist. Es macht auch nichts, wenn das Brot hart und trocken ist, im Gegenteil, so wird der Pudding fast noch besser.

Für 6–8 Portionen

ca. 600 g trockenes Weißbrot
Butter für die Form
130 g Rosinen
50 ml Bourbon
500 ml Milch
1 Dose gesüßte Kondensmilch (400 g)
1 TL Salz
1 EL Vanilleextrakt
4 Eigelbe

Bourbon Sauce
125 g Zucker
1–2 EL Wasser
300 g Sahne
1 EL Bourbon
1 Prise Salz
50 g Butter

Zum Anrichten
Vanilleeis

★ Das Brot in Stücke reißen. Eine Backform mit Butter ausstreichen, das Brot und die Rosinen hineinlegen.

★ Bourbon, Milch, Kondensmilch, Salz und Vanilleextrakt in einer Schüssel vermischen. Die Eigelbe mit dem Schneebesen einrühren. Das Brot mit der Mischung begießen und 20 Minuten bei Raumtemperatur durchziehen lassen.

★ Den Backofen auf 175 °C vorheizen (Ober-/Unterhitze, keine Umluft).

★ Den Pudding in 35–40 Minuten im Ofen goldbraun backen. Vor dem Verzehr 20 Minuten abkühlen lassen.

★ Für die Bourbon Sauce Zucker und Wasser in einen Kochtopf mit dickem Boden geben und bei niedriger Temperatur den Zucker schmelzen. Den Topf ab und zu schwenken, aber den Zucker nicht umrühren, sonst kristallisiert er. Wenn der Zucker geschmolzen ist, die Temperatur erhöhen und Zucker karamellisieren lassen. Dazu den Topf weiterhin schwenken, aber den Zucker nicht umrühren. Er soll schön braun, aber nicht zu dunkel werden. Sahne vorsichtig zugeben, damit sie nicht gerinnt. Temperatur wieder etwas reduzieren, Sauce ein paar Minuten unter ständigem Rühren köcheln lassen, damit sich der Zucker mit der Sahne verbindet. Die Sauce dickt beim Abkühlen ein. Bourbon und Salz zugeben, Topf vom Herd nehmen und die Butter stückchenweise einrühren.

★ Zum Servieren den Brotpudding in Scheiben schneiden, pro Portion 1 Scheibe Brot mit Bourbon Sauce und 1 Kugel Vanilleeis anrichten.

BANANA PUDDING

Vanillepudding, Bananen, Sahne und Vanillekekse, die mit der Zeit immer weicher werden … Bananenpudding ist fluffiger als aufgeschlagener Nebel und so amerikanisch wie Apple Pie, wenn auch nicht so bekannt. Ursprünglich handelte es sich um eine Variante des britischen Trifles, bei der das Obst gegen Bananen und der Rührkuchen gegen die praktischen Vanillekekse eingetauscht wurde. Das Ganze wurde natürlich sowohl von den Bananenproduzenten (Plantagen breiteten sich nach dem Bürgerkrieg im Süden der USA aus) als auch von den Herstellern von Vanillekeksen stark gefördert. Letztere druckten sogar Rezepte auf die Rückseite ihrer Verpackungen. Der Banana Pudding ist in Minutenschnelle fertig, in der Hitze des Südens sehr erfrischend und ein Rezept reicht für ein ganzes Familientreffen. Außerdem schmiegt er sich wie Baumwollflöckchen ums Herz.

8-10 Portionen

250 g Sahne
30 g Zucker
1 Prise Salz
100 g griechischer Joghurt
3 Bananen, geschält und in Scheiben geschnitten
1 EL Limettensaft
150 g Vanillekekse oder Butterkekse
ein paar Maraschinokirschen (optional)

Vanillepudding
4 Eigelbe
40 g Speisestärke
60 g Zucker
250 g Sahne
1 Dose Kokosmilch
1 Prise Salz
1 TL Vanilleextrakt
1 Prise gemahlene Kurkuma (optional)
2 EL Butter

★ Für den Vanillepudding die Eigelbe mit Speisestärke und der Hälfte des Zuckers in eine Schüssel geben und mit dem Schneebesen zu einer schaumigen Mischung aufschlagen.

★ Sahne, Kokosmilch, Salz, Vanilleextrakt, evtl. Kurkuma und den restlichen Zucker in einen Topf geben und bei mittlerer Temperatur erhitzen. Unter ständigem Rühren einmal kurz aufkochen.

★ Etwa die Hälfte der Sahnemischung vorsichtig mit der Eigelbmischung verrühren, sodass diese nicht gerinnt. Mischung in den Topf zurückgießen und unter ständigem Rühren 3–5 Minuten köcheln lassen, bis der Vanillepudding andickt. Topf vom Herd nehmen und die Butter mit dem Schneebesen einrühren.

★ Den Pudding in eine Schüssel füllen und Plastikfolie direkt auf die Oberfläche legen, damit sich keine Haut bildet. Mindestens 1 Stunde abkühlen lassen. Der Vanillepudding kann bis zu 3 Tage im Voraus zubereitet und im Kühlschrank aufbewahrt werden.

★ Für die Sahnecreme die Sahne mit Zucker und Salz in eine Schüssel geben und mit dem Handrührgerät steif schlagen. Den Joghurt unterheben.

★ Die Bananenscheiben mit Limettensaft beträufeln.

★ Den Boden der Servierform zunächst mit einer Schicht Vanillepudding bedecken, dann Kekse darauf verteilen, wieder eine Schicht Pudding, eine Schicht Bananen und eine Schicht Sahnecreme daraufgeben. So weitermachen und mit einer Schicht Sahnecreme enden. Nach Belieben mit Maraschinokirschen garnieren.

★ Vor dem Servieren mindestens 2 Stunden im Kühlschrank ziehen lassen. Je länger der Pudding steht, desto weicher werden die Kekse.

MEIN AMERIKANISCHER LIEBLINGSAUSDRUCK ist *à la mode*. Das kommt aus dem Französischen und bedeutet so viel wie »modisch« oder »stylisch«. Aber in den USA heißt es, dass etwas mit Eiscreme serviert wird. Es gibt Brownies und Cookies à la mode und natürlich auch Pie à la mode. Übrigens bestellt man so etwas selten in schicken Restaurants – im Gegenteil, dieser elegante Ausdruck wird eher in einfacherem Zusammenhang verwendet. Wenn du in einem leicht heruntergekommenen Diner »a cup of coffee and a slice of apple pie« bestellst und dann die Speisekarte sinken lässt, um lachend hinzuzufügen: »Make it à la mode«, steigert das nicht nur dein Lebensgefühl, du fühlst dich auch gleich so elegant wie eine Figur aus einem Stück von Tennessee Williams. Viele Restaurants behaupten von sich, sie hätten den Pie à la mode erfunden – ich ziehe es vor, der Todesanzeige in der *New York Times* Glauben zu schenken, in der es irgendwann in den 1920er-Jahren hieß, ein gewisser Professor Townsend habe den Ausdruck 30 Jahre zuvor geprägt. Angeblich hatte dieser Professor im Hotel »Cambridge« das Personal und die anderen Gäste schockiert, indem er eine Kugel Vanilleeis zu seinem Apple Pie bestellte. Eine Mrs. Berry Hall bezeugte den Vorfall und erklärte, von da an habe es als cool gegolten, Apple Pie auf diese Weise zu essen. Also à la mode, wie man in Paris sagt. Dass die Amerikaner ihren Pie ernst genug nehmen, um ihn in einer Todesanzeige zu erwähnen, muss uns eigentlich nicht verwundern. Nirgendwo auf der Welt ist die Pie-Kultur so lebendig und flächendeckend verbreitet wie in den USA. Ich jedenfalls habe mehr verschiedene Pies in Amerika gegessen als im Rest der Welt zusammengenommen. Und genau wie die Superhelden in einem Marvel-Comic hatten sie alle ihre ganz eigene Entstehungsgeschichte. Nehmen wir als Beispiel den Apple Pie. Er gehörte zu den ersten Gerichten, die im 17. Jahrhundert in die Kolonien kamen, eingeführt von Einwanderern aus England, den Niederlanden und Schweden. Sie brachten sogar Stecklinge ihrer heimischen Apfelbäume mit, die eingepflanzt wurden und in dem neuen Land Wurzeln schlugen. Einer dieser ersten schwedischen Kolonisten hieß Peter Gunnarsson und kam aus Ramberget auf der Insel Hisingen, heute ein Teil von Göteborg. Dieser Herkunft verdankte er seinen ergänzten Nachnamen Rambo. Eine der frisch gepflanzten Apfelsorten wurde nach Peter benannt und 300 Jahre später inspirierte dieser Rambo-Apfel nicht nur den amerikanischen Schriftsteller David Morrell, als er einen Namen für die Hauptfigur in seinem Roman *First Blood* suchte (später mit Sylvester Stallone verfilmt), sondern auch den schwedischen Autor Vilhelm Moberg, der in seinem Roman Die *Auswanderer* seine Hauptfigur Kristina Apfelsamen aus Schweden in die USA mitbringen und daraus einen Apfelbaum namens Astrakan ziehen lässt. Tatsächlich ist der Pie so amerikanisch wie kaum etwas anderes. Und kein Pie ist amerikanischer als der Apple Pie. Der genau wie die Amerikaner eigentlich einen anderen Ursprungsort hat, aber in der neuen Erde Wurzeln geschlagen hat. In Amerika haben sich Pies aus der ganzen Welt versammelt und wurden ohne Rücksicht auf irgendwelche Traditionen oder kulinarische Hemmungen adaptiert. Vielleicht ist deshalb à la mode mein amerikanischer Lieblingsausdruck.

CHOCOLATE CREAM PIE

Cream Pies sind offene Pies mit cremiger Füllung und Schlagsahne obendrauf. Gern werden sie von Zirkusclowns und politischen Aktivisten als Waffe eingesetzt. Einer der ältesten Cream Pies in den USA ist angeblich der Boston Cream Pie, der von Ho Chi Minh erfunden worden sein könnte, da der vietnamesische Kommunistenführer als Bäcker im »Omni Parker House« in Boston arbeitete, als dieses Dessert Anfang der 1910er-Jahre entstand. Cream Pies sind relativ einfach herzustellen. Und einen Versuch ist es allemal wert, denn dieser Cream Pie ist unglaublich lecker.

Für 6–8 Portionen

22 Oreo-Kekse (ca. 250 g)
75 g Butter

Füllung
85 g Zucker
40 g Speisestärke
2 EL Kakaopulver
1 Prise Salz
700 ml Milch
170 g dunkle Schokolade in Stücken
50 g Butter
Mark 1 Vanilleschote oder 2 TL Vanilleextrakt

Topping
300 g Sahne
2 EL Puderzucker
dunkle Schokolade, fein gerieben
Maraschinokirschen (optional)

★ Den Backofen auf 175 °C vorheizen (Ober-/Unterhitze, keine Umluft).

★ Die Oreo-Kekse im Mixer zerkleinern oder in einen Plastikbeutel füllen und mithilfe einer Teigrolle zerbröseln. Die Butter in einem Topf schmelzen und in einer Schüssel mit den Keksbröseln vermischen. Mit einer Gabel zu einem Pie-Teig verrühren. Den Teig in eine nicht gebutterte Pie-Form geben und zu einem festen Tortenboden zusammenpressen.

★ Den Boden 10–12 Minuten im Ofen vorbacken, dann ganz abkühlen lassen.

★ Für die Füllung Zucker, Speisestärke, Kakao und Salz in einem Kochtopf verrühren. Mit dem Schneebesen die Milch einrühren, bis alle trockenen Zutaten aufgelöst sind. Die Mischung dann auf dem Herd bei mittlerer Temperatur erhitzen und 8–10 Minuten köcheln lassen, bis die Masse andickt.

★ Topf vom Herd nehmen, Schokolade, Butter und Vanillemark einrühren und schmelzen lassen. Die Schokoladenfüllung auf den vorgebackenen Tortenboden gießen und sofort mit Backpapier bedecken, damit sich keine Haut bildet.

★ Pie 1 Stunde bei Raumtemperatur abkühlen lassen. Dann im Kühlschrank weitere 2 Stunden kühlen, damit die Füllung fest wird. Bis hierhin kann man den Pie auch gut am Vortag zubereiten.

★ Kurz vor dem Servieren für das Topping die Sahne mit dem Puderzucker in eine Schüssel geben und mit dem Handrührgerät steif schlagen. Auf dem Pie verteilen und mit Schokolade und evtl. Maraschinokirschen garnieren.

KEY LIME PIE

Der berühmteste Cream Pie der Welt dürfte wohl der Key Lime Pie sein – oder Magic Lemon Pie, wie er genannt wurde, als er in den 1930er-Jahren in einer Werbung für eine Kondensmilch auftauchte. Auch dieses unglaublich gute süß-säuerliche Dessert hatte also wie viele amerikanische Traditionen seinen Ursprung in der Werbung. Der Pie wurde bald von dem Ferienort Key West ganz im Süden von Florida annektiert und gehört heute ebenso sehr zu Key West wie die Schwertfisch-Trophäen, Ernest-Hemingway-Imitatoren und Paare mittleren Alters, die in Flames-Shorts und American-Chopper-Shirts auf aufgemotzten Honda Goldwings durch die Gegend fahren.

Für 6–8 Portionen

Pie-Teig
225 g Vollkornkekse
3 EL Vollrohrzucker
1 Prise Salz
85 g Butter

Füllung
4 Eigelbe
1 Dose gesüßte Kondensmilch (400 g)
abgeriebene Schale von 2 Bio-Limetten
100–150 ml Limettensaft (ca. 4 Limetten)

Topping
300 g Sahne
2 EL Puderzucker
abgeriebene Limettenschale

★ Den Backofen auf 175 °C vorheizen (Ober-/Unterhitze, keine Umluft).
★ Die Kekse im Mixer zerkleinern oder in einen Plastikbeutel füllen und mithilfe einer Teigrolle zerbröseln. Die Brösel in einer Schüssel mit Zucker und Salz vermischen. Butter in einem Topf schmelzen und über die Brösel gießen, mit einer Gabel zu einem Pie-Teig verrühren. Den Teig in eine ungebutterte Pie-Form (ø ca. 24 cm) geben und zu einem festen Tortenboden zusammendrücken.
★ Den Tortenboden auf mittlerer Schiene im Ofen 10–12 Minuten vorbacken und dann vollständig abkühlen lassen.
★ Für die Füllung die Eigelbe in einer Schüssel mit Kondensmilch, Limettenschale und Limettensaft aufschlagen. Die Füllung auf dem Tortenboden verteilen. Auf mittlerer Schiene im Ofen 15–17 Minuten backen, bis die Füllung in der Mitte gerade gestockt ist.
★ Pie 1 Stunde bei Raumtemperatur abkühlen lassen, mit Plastikfolie bedecken und im Kühlschrank aufbewahren.
★ Für das Topping kurz vor dem Servieren Sahne und Puderzucker in eine Schüssel geben und mit dem Handrührgerät steif schlagen. Sahne auf dem Pie verteilen und mit Limettenschale garnieren.

BISCUIT COBBLER

Cobblers sind eine ganz eigene Kategorie von Pies. Hier wird das Obst nicht vom Teig umschlossen, sondern nur damit bedeckt. Beim Biscuit Cobbler liegt eine Schicht perfekter Südstaaten-Biscuits auf dem Obst. Das sieht hübsch aus, ist leicht zu portionieren und unglaublich lecker – vor allem, wenn man, so wie ich, eher auf den Teig steht als auf das Obst. Man kann Biscuit Cobbler mit (fast) jedem Obst machen, egal ob Frisch- oder Tiefkühlware. Doch ich möchte in meinem Rezept eine Lanze für die Kirsche brechen, die gerade bei uns in Schweden viel zu selten verwendet wird.

Für 6–8 Portionen

Teig
100 g kalte Butter
300 g Mehl plus mehr
 für die Arbeitsfläche
1½ TL Backpulver
55 g Zucker
1 TL Salz
abgeriebene Schale von
 1 Bio-Zitrone
300 g Sahne

Füllung
750 g frische oder
 TK-Kirschen
 (oder rote Beeren)
100 g Zucker
Saft von 1 Zitrone
3 EL Speisestärke
1 TL Zimt
1 TL Vanilleextrakt
1 Prise Salz

Zum Bestreichen
50 g Butter
2 EL Vollrohrzucker

★ Zunächst den Teig für die Biscuits zubereiten. Dabei ist es wie immer bei Biscuits wichtig, dass alles kalt bleibt und die Verarbeitung schnell geht. Die Butter mit einer Reibe grob in eine Schüssel raspeln. Sie muss richtig kalt sein, damit das funktioniert. Die geriebene Butter im Gefrierschrank aufbewahren, bis sie weiterverwendet wird. Mehl, Backpulver, Zucker und Salz in einer Schüssel vermischen und aufhäufen, abgeriebene Zitronenschale zugeben. Die geriebene Butter zufügen und alles mit den Fingern vermischen. Nicht zu stark kneten, das Mehl soll die Butter nur umschließen. Die Zutaten sollen sich vermischen, aber die Mischung soll immer noch luftig sein. Erbsengroße Butterstückchen im Teig sind ideal.

★ Sahne zugießen und mit einer Gabel verrühren, bis der Teig gerade so zusammenhält. Auf einer bemehlten Arbeitsfläche den lockeren Teig ausrollen. Die Oberfläche mit Mehl bestäuben und mit den Händen zu einem Viereck formen. Die Ränder zur Mitte zusammenschlagen und wieder zum Viereck zusammendrücken. Vorgang dreimal wiederholen, sodass blättrige Schichten im Biscuit entstehen. Wenn nötig, mit Mehl bestäuben. Den Teig zu einer 2 cm dicken Platte ausrollen. Mit einem Ausstecher oder einem nicht zu großen Glas runde Biscuits ausstechen. Auf einen Teller legen und im Kühlschrank aufbewahren. Übrig gebliebenen Teig zusammenlegen und wieder ausrollen, um weitere Biscuits herzustellen.

★ Den Backofen auf 200 °C vorheizen (nur Ober-/Unterhitze, keine Umluft).

★ Für die Füllung frische Kirschen entstielen und entkernen. Kirschen, Zucker, Zitronensaft, Speisestärke, Zimt, Vanille und Salz in einer Schüssel mischen. Die Mischung in eine Backform geben und mit den Biscuits bedecken. Butter in einem Topf schmelzen, mit Vollrohrzucker vermischen und die Biscuits damit bestreichen.

★ Auf mittlerer Schiene im Backofen 10 Minuten backen. Dann die Temperatur auf 175 °C reduzieren und Cobbler weitere 55 Minuten backen.

★ Etwas ruhen lassen, danach warm oder zimmerwarm servieren. Dazu passt Vanilleeis.

APPLE PIE

Amerikanischer Apple Pie hat einen wunderbar buttrigen Teig, ist nicht besonders süß und wird oft als normale Mahlzeit gegessen. In US-Bundesstaaten wie Wisconsin serviert man den Apple Pie sogar mit einer Scheibe Cheddar als Beilage. Apple Pie macht Arbeit und verlangt ein bisschen Geduld. Das sollte dich aber nicht daran hindern, eines der leckersten Desserts zu backen, die es auf dieser Welt gibt.

Für 8–10 Portionen

Teig
225 g kalte Butter plus mehr für die Form
100 ml kaltes Wasser
50 ml Apfelessig
100 g Eiswürfel
360 g Mehl plus mehr für die Arbeitsfläche
1 TL Salz
1 EL Zucker

Karamellsoße
170 g Zucker
50 ml Wasser
100 g Butter
100 g Sahne

Füllung
1 kg Äpfel
Saft von 1 Zitrone
2 EL Zucker
40 g Vollrohrzucker
1 TL Zimt
1 Prise Salz
2 EL Speisestärke

Zum Bestreichen
1 Ei
1 EL Wasser
Vollrohrzucker
Salzflocken

★ Für den Teig die Butter mit einer Reibe grob in eine Schüssel raspeln und dann in den Gefrierschrank stellen, bis sie weiterverwendet wird.

★ Wasser, Essig und Eis in einer Schüssel mischen. Mehl, Salz und Zucker in einer zweiten Schüssel mischen. Die geriebene Butter schnell mit dem Mehl vermischen. Die Zutaten sollen sich gut vermengen, aber immer noch luftig sein. Erbsengroße Butterstückchen in der Mischung sind ideal. 2 EL von der Eiswasser-Mischung zugeben und mit den Fingern durch die Mischung fahren, als würdest du Haare kämmen. So weitermachen, bis etwa 10–12 EL von der Eiswasser-Mischung eingearbeitet sind. Der Teig soll gerade so zusammenhalten und darf auf keinen Fall geknetet werden.

★ Auf einer bemehlten Arbeitsfläche den Teig ausrollen. Mit etwas Mehl bestreuen und zusammendrücken. Halbieren und 2 runde Platten ausrollen, die dann mit Frischhaltefolie bedeckt mindestens 1 Stunde im Kühlschrank ruhen müssen.

★ 1 Platte auf der bemehlten Arbeitsfläche weiter ausrollen, sodass sie einige Zentimeter größer ist als die Backform.

★ Die Form mit Butter ausstreichen und die Teigplatte hineinlegen. Überstehende Kanten abschneiden. Den Teig mit Frischhaltefolie bedecken und mindestens 30 Minuten im Kühlschrank ruhen lassen. Die zweite Teigplatte auf die gleiche Größe ausrollen, mit Frischhaltefolie bedecken und ebenfalls in den Kühlschrank legen.

★ Für die Karamellsoße Zucker und Wasser in einer Pfanne mischen und den Zucker bei mittlerer Temperatur schmelzen lassen. Die Butter zugeben und kochen, bis die Soße eine schöne Karamellfarbe angenommen hat. Vom Herd nehmen und die Sahne unterschlagen.

★ Den Backofen auf 200 °C vorheizen (Ober-/Unterhitze, keine Umluft).

★ Die Äpfel schälen, Kerngehäuse entfernen und Fruchtfleisch in Scheiben schneiden. In eine Schüssel geben, mit Zitronensaft beträufeln und mit Zucker bestreuen. Etwa 20 Minuten stehen lassen, dann die Flüssigkeit abgießen. Die Apfelscheiben mit Zimt, Salz und Speisestärke vermischen und in die Backform füllen. Die Karamellsoße darübergießen und den Teigdeckel auflegen. Die Ränder sauber abschneiden und die Kanten mit den Fingern oder einer Gabel zu einem gleichmäßigen Wellenmuster zusammendrücken (amerikanische Pie-Formen haben einen Rand, der dabei hilft, siehe Foto). 3 Löcher in den Deckel schneiden. Ei und Wasser in einer Tasse verquirlen und die Oberfläche des Pies damit bestreichen. Mit Zucker und Salzflocken bestreuen.

★ Pie auf der unteren Schiene im Backofen 20–30 Minuten backen, dann die Temperatur auf 190 °C reduzieren und weitere 35 Minuten backen. Pie 2–3 Stunden bei Zimmertemperatur abkühlen lassen, danach mit Vanilleeis servieren.

NEW YORK CHEESECAKE

Amerikanische Cheesecakes werden heiß geliebt und ebenso heiß wird über sie diskutiert. Streitpunkte gibt es dabei viele: Kommt der beste Cheesecake nun aus New York oder aus Philadelphia? Soll man ihn einfach so essen oder mit Beeren? Soll er eher cremig oder fluffig-leicht sein? Und handelt es sich dabei um einen Pie? Natürlich darf man unterschiedlicher Meinung sein, das Diskutieren macht ja auch Spaß, aber wir können uns vielleicht darauf einigen, dass alle amerikanischen Cheesecakes mit Frischkäse und Ei gemacht werden und dass sie höher, schöner und cremiger sind als vergleichbare Varianten im Rest der Welt. Der berühmteste amerikanische Cheesecake stammt jedenfalls aus New York und wurde angeblich im Jahr 1900 von Arnold Reuben erfunden, einem Mann, der auch für ein besonders gutes Sandwich verantwortlich zeichnet.

Für 6–8 Portionen

Teig
225 g Vollkornkekse
3 EL Vollrohrzucker
1 Prise Salz
85 g Butter, geschmolzen

Füllung
450 g Frischkäse
250 g Crème fraîche oder griechischer Joghurt
100 g Zucker
2 Eier
Mark 1 Vanilleschote oder 1 EL Vanilleextrakt
abgeriebene Schale von 1 Bio-Limette
1 Prise Salz

Himbeer-Topping
250 g TK-Himbeeren
5 EL Puderzucker
2 EL Wasser
150 g frische Himbeeren

★ Den Backofen auf 165 °C vorheizen (Ober-/Unterhitze, keine Umluft).
★ Die Kekse im Mixer zerkleinern oder in einen Plastikbeutel füllen und mithilfe einer Teigrolle zerbröseln. In eine Schüssel geben und mit Zucker und Salz vermischen. Die Butter in die Schüssel gießen und alles mit einer Gabel zu einem Teig verrühren. In eine Springform (ø 20 cm) geben und zu einem Tortenboden zusammendrücken.
★ Den Tortenboden auf mittlerer Schiene im Backofen 10–12 Minuten backen, danach vollständig abkühlen lassen.
★ Für die Füllung Frischkäse, Crème fraîche und Zucker in einer Schüssel vermischen und zu einer puddingartigen Konsistenz aufschlagen. Die Masse immer wieder von den Rändern der Rührschüssel herunterschieben. Eier, Vanille, Limettenschale und Salz zugeben und weiterschlagen, bis sich alles gut vermischt hat.
★ Die Füllung auf den Tortenboden streichen und 20–25 Minuten im Ofen backen, bis sie in der Mitte gerade stockt. Der Cheesecake darf nicht braun werden, er sollte notfalls mit etwas Alufolie abgedeckt werden. Den Backofen ausschalten und den Kuchen noch 20 Minuten bei leicht geöffneter Ofentür stehen lassen, sodass er langsam abkühlt. Auf diese Weise gibt es keine Risse in der Oberfläche. Kuchen dann 30 Minuten bei Raumtemperatur stehen lassen, bevor er abgedeckt für mindestens 3 Stunden in den Kühlschrank kommt. Cheesecake kann man also auch gut am Vortag zubereiten.
★ Für das Topping die TK-Himbeeren mit Puderzucker und Wasser in einem Topf aufkochen. Mit dem Stabmixer zerkleinern und durch ein Sieb in eine Schüssel streichen, um die Kerne zu entfernen. Püree abkühlen lassen und dann die frischen Himbeeren vorsichtig unterheben.
★ Das Topping zum Cheesecake servieren.

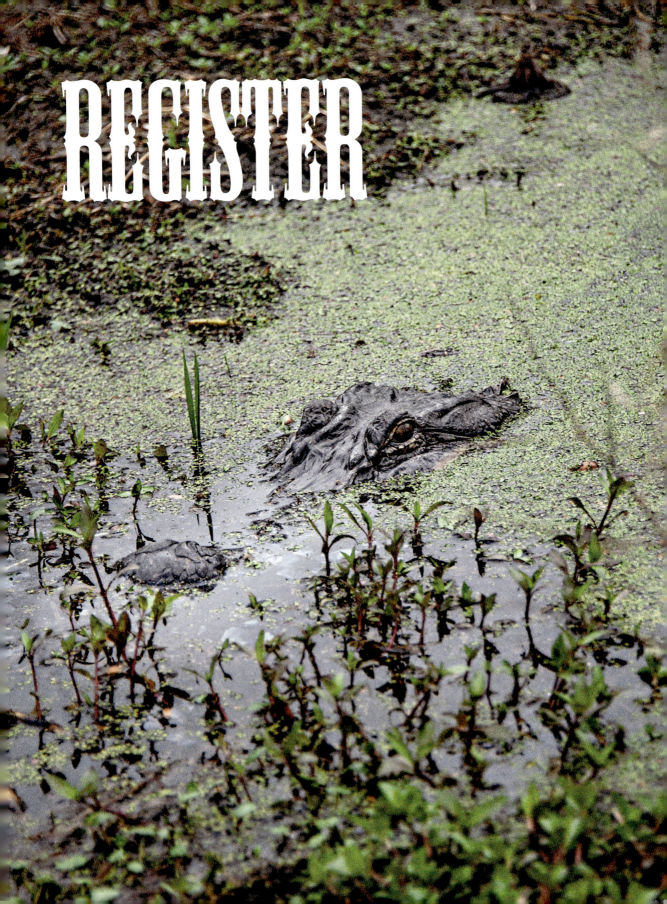
REGISTER

Ahornsirupbutter 20
Apple Pie 182
Aufgeschlagene Salzbutter 19
Austin Queso 43

Bacon and Eggs 15
Baiser 94
Banana Bread 24
Bananen-Pancakes 20
Banana Pudding 171
Birria Chili 112
Biscuit Cobbler 181
Biscuits 161
Blue Cheese Dip 34
Blueberry Pancakes 20
Bourbonsauce 168
Braciole 72
Bread Pudding 168
Breakfast Biscuit 162
Buffalo Wings 37

California Cheeseburger 52
Charro Beans 116
Cheese Enchiladas 121
Cheeseburger 51
Chicago Hot Dog 62
Chicken Parm 80
Chili Dog 63
Chili Mac 119
Chilisauce 121
Chocolate Cream Pie 177
Cinnamon Toast 16
Cocktailsoße 89
Coffee Cake 27
Collard Greens 152
Cornbread 153
Crawfish Boil 165
Cremige Dips 34
Crispy Tacos 103

Delmonico's Potatoes 93
Delmonico's Steak 92
Delmonico's Steak Dinner 92
Die Roger-Sterling-Diät 88
Dirty Rice 156
Drinks & Snacks 146

Eisbergsalat 56
Enchilada Mac 'n' Cheese 131
Enchiladas 121
Enchiladas verdes 122

Fajitas 108
Flacher Bacon 16
Flaming Alaska 94
Flusskrebsgewürz 165
Freezer Manhattan 89
Freezer Martini 89
Freezer Sazerac 146
Fried Chicken 149
Fried Chicken Biscuit 162
Fritoque 135
Frittierte Zwiebeln 93

Gewellter Bacon 16
Golden Ring Pancakes 19
Granola 23
Green Chili 115
Guacamole 41
Gumbo 155

Ham & Pepper Jelly Biscuit 162
Ham and Cheese 56
Hash Browns 16
Heidelbeerkompott 20
Hickorysauce 52
Himbeer-Topping 182
Hotdogs 62

Jalapeño Dill Pickle Dip 35

Key Lime Pie 178
Klassischer Cheeseburger 51
Knoblauchbutter 108

Lasagne 79

Mac 'n' Cheese 128
Marinara 69
Meat & Three 152
Meatballs 75
Mignonette 88
Mint Julep 144

Nachos 100
New York Cheesecake 185
New York Italian Hero 59

Oklahoma Onion Burger 52
Oysters Rockefeller 146

Pan Sauce 92
Patty Melt 55
Pickled Deviled Eggs 147
Pico de Gallo 41
Pimiento Cheese 146
Pinto Beans 152

Ranch Dip 34
Raw Bar 88
Red Sauce 69
Refried Beans 40
Roter Reis 122
Rührei 15

Salsa Macha 41
Salsa verde 122
Seattle Dog 63
Sonntagssoße 71
Sour Cream & Onion Dip 35
Spiegelei, over easy 15
Spiegelei, sunny side up 15
Spinach Artichoke Dip 44

Taco Casserole 132
Taco Shop Ssalsa 40
Tamale Pie 136
Texas Chili 111
Texmex Dips 40
Texmex-Gewürz 103
Tomatensauce 68

Überbackene Ziti 76

Vanillepudding 171

Wedge Salad 93
Weizentortillas 105

Bibliografische Information der Deutschen Nationalbibliothek
Die Deutsche Nationalbibliothek verzeichnet diese Publikation in der Deutschen Nationalbibliografie. Detaillierte bibliografische Daten sind im Internet über https://dnb.de abrufbar.

Für Fragen und Anregungen
info@m-vg.de

Wichtiger Hinweis
Ausschließlich zum Zweck der besseren Lesbarkeit wurde auf eine genderspezifische Schreibweise sowie eine Mehrfachbezeichnung verzichtet. Alle personenbezogenen Bezeichnungen sind somit geschlechtsneutral zu verstehen.

1. Auflage 2024
© 2024 by riva Verlag, ein Imprint der Münchner Verlagsgruppe GmbH
Türkenstraße 89
80799 München
Tel.: 089 651285-0

Die schwedische Originalausgabe erschien 2023 bei Natur & Kultur unter dem Titel *Americana*.
© 2023 by Natur & Kultur. All rights reserved.
© 2023 Jonas Cramby
Original title: Americana
First published by Natur & Kultur, Sweden

Alle Rechte, insbesondere das Recht der Vervielfältigung und Verbreitung sowie der Übersetzung, vorbehalten. Kein Teil des Werkes darf in irgendeiner Form (durch Fotokopie, Mikrofilm oder ein anderes Verfahren) ohne schriftliche Genehmigung des Verlages reproduziert oder unter Verwendung elektronischer Systeme gespeichert, verarbeitet, vervielfältigt oder verbreitet werden. Wir behalten uns die Nutzung unserer Inhalte für Text und Data Mining im Sinne von § 44b UrhG ausdrücklich vor.

Übersetzung: Ulrike Strerath-Bolz
Redaktion: Caroline Kazianka
Umschlaggestaltung: Pamela Machleidt
Rezeptfotografie: Lennart Weibull
Umschlagabbildung und sonstige Abbildungen: Jonas Cramby
Satz: inpunkt[w]o, Wilnsdorf (www.inpunktwo.de)
Druck: Firmengruppe APPL, aprinta Druck, Wemding
Printed in Germany

ISBN Print 978-3-7423-2713-0
ISBN E-Book (PDF) 978-3-7453-2481-5
ISBN E-Book (EPUB, Mobi) 978-3-7453-2482-2

Weitere Informationen zum Verlag findest du unter
www.rivaverlag.de
Beachte auch unsere weiteren Verlage unter www.m-vg.de